世界で活躍する人の小さな習慣

石倉洋子

JN229831

日経ビジネス人文庫

はじめに
――めまぐるしく変化する世界と変わっていない日本

2014年から2週に一度書いていたコラムをまとめ、『世界で活躍する人が大切にしている小さな心がけ』として出版したのが2015年。今一度読み返してみて、一番感じるのは、単行本が出版されてからいろいろな分野でテクノロジーを原動力とした変化のスピードがめまぐるしく、何となく不安にかられている今日の世界の私たちの状況、また、この4年間に日本と世界の距離が、どんどん離れつつあるということです。

4年前、少なくとも本書では、まだテクノロジーがSNSなど主にコミュニケーション手段としてとらえられていたように読めるのですが、それ以降の4年の間に、ビッグデータ、IoT、ロボットやAIなどテクノロジーが現実のもの、特に仕事や生活を大きく変えるものとして、私たちに身近なものになりつつあります。メディアにこうした言葉が見られない日はない中、どんどん進展するテクノロジーの力に対して、私たちも社会も、教育、家庭、仕事など生活の基盤を根底から揺るがすテクノロジーの高いポテンシャル（光）と新たに生じつつある課題（影）を十分にとらえることができなくなっています。

日本はこの4年の間にどう変わってきたのでしょうか。

就労人口がどんどん減少する中で、外国人や高齢者の店員がどこでも見られるようになり、人が足りないため閉店を余儀なくされ、店舗展開を見直すサービス業も日常茶飯事で今ではニュースにもなりません。

仕事や就職に関しても、中途採用、年間を通した採用など、変化の兆しは少しずつ見られるようですが、相変わらず新卒一斉採用、正社員志向、これまで通りの評価や昇進のシステムが続いています。

単身世帯の増加や介護離職も遠い世界の問題ではなく、今の働き方を前提としてどう改革するか、という議論にとどまりがちな「働き方改革」を超えて、私達自身も社会問題になりつつあるこの状況に対して行動を求められるようになっています。

つまり、この4年の間に、本書では背景としてさらっと触れられている仕事や雇用の変化、日本の場合はさらに社会全体を覆う人口減少と高齢化などが毎日のように実感される状況に私たちは直面しているのです。

一方、世界では資源不足や気候変動などから生じている各種の紛争がなかなか解決への糸口を見つけられず、テクノロジーや世界がつながっていることの恩恵を受けられない人々の怒りが増しています。こうした動きが、ポピュリズムとして現れ、異なる人種、宗教を徹底的に排除しようとする極端な意見を持つ独裁的なリーダーを支持する動きにも結びついています。

「怒り」はエネルギーという意味では必ずしも悪いものではない、と私は思います。実際、どうしてこんなに非効率なのだろう、とかこんな待遇を受けるのだろうという怒りの気持ちから、新しいアイデアを考えたり、誰もが自分の望むことができるような社会をつくろうとプラスの方向へのエネルギーに転換したりすることができるからです。

それに比べると、これまではあまり見られなかった二極化が日本でも見られるようになっているにもかかわらず、特に若い世代の間では、差し迫った危機感が感じられないせいか、今のままでもいいとか、日本は変わらないなどあきらめの気持ちになっている人の比率が増えているようにも感じられます。「怒り」を奨励するわけではありませんが、エネルギーがないと何も始まりません。エネルギーさえあれば良い方向に転換することもできるのです。

テクノロジーやポピュリズムを良い方向に向けるのは個人のエネルギー

テクノロジーによって世界がつながっていることから得られる可能性――誰でも世界に向けて発信できる、世界のどこかで起こっていることについても情報が得られる、もはや時間や距離に縛られることはない――は、この4年間で想像以上に進みつつあります。

そのような変化の中で、政府や企業に頼るのではなく、自分自身でどうキャリアをデザインしていくのか、さらに人生をどう生きるのか、が私たち一人一人に問われつつあるのです。テクノロジーやグローバル化の恩恵を手にするのは、誰でもない個人であること、個人が自ら獲得しなくては得られないメリットなのです。

こう書くと、とてもこうした時代の変化には耐えられない、自分にはそんな力もエネルギーもない、とあきらめの境地になってしまう人もいるかもしれません。

これまで、私は団塊の世代の日本人、それも女性としては、かなり多様な経験を積む機会に恵まれてきました。大学生の時の米国留学やフリーターとしての仕事、その後の米国大学院でのMBA（経営学修士）やDBA（経営学博士）の取得、そして経営コンサルティングに始まり、大学教授として3度の転職、そして現在のフリーターと、かなりめまぐるしいキャリアやライフスタイルをしてきた私でも、ここ数年の世界の変化はあまりにこれまでの世界とは断絶しているので、ときどき（体力も若い時とは比べものにならないので）「私はこのスピードや変化を実感として理解しているのだろうか」とか「こんな世界でやっていけるのか」と思うこともあります。

そうした時に「まあやってみるか」「もう一度試してみよう」という気持ちになるのは、まだいろいろなことが世界では起こりそうだし、それを自分で見届けたい、経験してみたい、と思う「好奇心」があるからなのです。

10年前には世の中になかったスマートフォンを子どもも含めて誰もが当たり前のよ

うに使っている時代、スマホをもっと活用すると何ができるのだろうか、ＡＩを活用するとやりたくない、面倒なことのどれをやらなくてすむのか、混んだ電車に乗らずに、世界の誰とでも自由に会話や協働ができる、長い行列に並ばなくても世界の素晴らしいアートが見られる……など、まだまだできることが増えていきそうな気がするからなのです。

先日、死ぬ時にどう思って死にたいか、という質問をされて、「『まだやりたいことがたくさんある』と思って死にたい」と言ったら、「えー？」とびっくりされたのですが、まだおもしろそうなことがたくさんありそうで、それを全て試してみたいというのが、私を世界に、そして新しい分野に駆り立てる原動力なのです。

この好奇心でいろいろな経験をしてきた私のちょっとした話を本書では記していま す。活動の意味や、何のためにこんなことをするのか、などあまり深く考えず、かなりいい加減に「見たい」「行きたい」という気持ちだけでやってきてもこんなふうに世界が広がっていく、ということを皆さんに感じていただければうれしいです。

これからの数年を活用するためのヒント

幸いなことにこれから数年間の世界そして日本には大きな変化が予想できます。これまではかなりの実績を持ったリーダーがいて、安定していると思われていたG7やEUも政治が大きく変わる可能性を見せていますし、日本では年号も変わり、世界的なイベントも開かれます。

どうせやるなら、オリンピックやパラリンピックを活用してはいかがでしょうか。それも「日本を」と大上段に構える必要はありません。皆さんが世界に触れるまたとない機会であり、一人でも世界を変えるきっかけが得られる機会だと考えれば良いのです。

高度経済国家でのオリンピックのモデルといわれた2012年のロンドンオリンピックでは、アートも含めて、ロンドンの新しい姿をいろいろな形で世界に発信しました。いわゆる正統派ではなく、周辺のとんがったものを多数見せたといわれています。2020年の東京オリンピック・パラリンピックを、日本社会のなかなか変わらない習慣やしがらみから脱皮する機会としてはいかがでしょうか。

オリンピックは、新しく開かれつつある世界というコンテクストで建築、音楽、デザインなど日本のアートをもう一度位置づけ、それを自ら説明する機会としては最高だと思います。そのためには、世界から見た日本の歴史、伝統、文化、生活などを私たちがよく知っていたほうが説得力を増すはずです。ですからこの機会を使って、いわゆる「教養」を身につけるのもよいアイデアでしょう。

世界は思っているよりずっと近いし、まだまだ新しいこと、珍しいこと、おもしろいことが起こりそうです。ニュースを見ていると、紛争、難民、飢餓、自然災害など暗い話ばかりが目につきますが、問題があるからこそ新しいアイデアが生まれる、悲惨な状況からこそ本当の人間らしさが現れるともいわれます。感情を持ち、いろいろなことを自ら考えることができるのは、人間だけです。ロボットやＡＩがいくら進歩したといっても、共感を持つ、深く考えて、倫理観で行動する、などは人間の特権だと私は思います。

自分の市場価値を常に見きわめ、身近なところから始める

それではこうした状況の中、個人はどんなことに留意したらよいのでしょうか。

私は、**「これまでの枠組みにとらわれないで自分で考えること」「世界の変化を見な**

がら、自分の市場価値・ユニークさを常に見きわめ、磨き、それを表明すること」、**そして「世界の可能性を取り込むために、少なくとも当面は、英語ができること**」を提案します。それも、こうした活動を大仰な目標にして1年に1度行うというのではなく、毎日身近なところからすぐ始めてみる、一時的にできなくてもあきらめずに続けて習慣にすることをおすすめします。

世界がつながり、その分野の専門家でも今後の経済がどう進展するか多様な意見が出る中、これまでの理論や枠組みで分類したり、いわゆるその分野の「権威」の意見を探してやみくもに従ったりすることはもはやできません。

ではどうしたらよいのか？　自分で考えるより方法がないのです（でも実行がなかなか難しい）。そう言うと、考えるのにはエネルギーがいる、そんなに知識がないなど「言い訳」が聞こえてきそうですが、「考えること」は実はとても楽しく、エキサイティングなことです。「さあ、これから考えよう！」というのではなく、常に考えている、頭の片隅に疑問がある、という状態は、私たち人間にしかない力を活かすことができる一番の活動なのです。

新しいアイデアが出てきたら、すぐ試してみる、誰かに説明してみる。そこから新しい世界やつながりが生まれてくるかもしれません。

世界が刻々と変化する中、過去のモノサシだけにとらわれて自分を評価する必要はありません。10年前、20年前の学歴や組織の肩書きだけでは価値は認められず、少なくとも世界では通用しません。

ダボス会議のような場では、個人として、世界のアジェンダを議論する上で必要な人材だから、という理由で招かれるのです（それも、去年声がかかったから今年も、ということはまったくありません）。

一方、誰でも個人が世界に対して発信できる、世界から声がかかる現代は、大きなチャンスでもあります。これまではニーズが明らかでなく見えなかったマーケットを探して、自分の隠れた特技の価値を見きわめることができるからです。たとえば、イベントの企画が得意である、実は料理がとても好きで珍しいレシピを試すのが趣味である、等々。これまでは趣味や特技にとどまっていたことでも、ニーズが確かめられ、新しい価値を提供できるのが自分だけということになれば、ビジネスに通じます。

自分のポジション、ユニークさを明確に打ち出す

世界に発信する場合、大事なのは、自分のポジション、ユニークさを明確に打ち出すことです。せっかく素晴らしい技術やスキルを持っていても、誰かが見つけてくれるだろう、という待ちの姿勢は通用しません。世界にはいろいろな能力を持つ人がひしめいています。そしてSNSなどを用いて、自分の力やユニークさを、「私はあなたのこんなニーズにこたえることができます」「こんなことができるから、一緒に活動しましょう」という自信に満ちたメッセージとともに発信しています。

「自分のポジションをはっきり打ち出すほど実力があるかわからない」「そう言ってしまうとできなかった時に困る」などとためらう必要はありません。Fake it and become it.（大法螺《おおぼら》を吹きなさい、そしてそうなりなさい）という言葉があるように、世界では自分の力を自分なりに正当にとらえて、自分のユニークさを自覚している人が評価されるのです。自分を過小評価する必要はありません。

実際に活動するために、英語が不可欠なことは、いうまでもないでしょう。いちいち訳していたのでは、もとのニュアンスが失われかねないし、時間も手間もかかってスピード感に乏しくなります。テクノロジーの力で直接世界に発信でき、どこにいて

も海外の個人と直接コンタクトできるわけですから、当面は英語でコミュニケーションするほうが効果的・効率的です。

ただし、完璧な英語、という「完璧症候群」にとらわれる必要がなく、逆にその発想を捨て去り、とにかく使う頻度を高くして「慣れる」必要があります。

ここまでの話は、実のところ、週末だけに有効な「まあ、やってもいいかな」という趣味の話ではありません。世界が刻々と変わり、仕事自体の定義が見直される中、一社で自分のキャリアを終える、ブランド企業の正社員になりさえすれば安泰、という時代は終わっています。

常に自分の力・市場価値を世界で試し、磨いていく。フレームワークや権威に頼らず、自分の頭で考える。そして考えているだけでなく、実際に外の世界で試してみることが必要とされているのです。

大変な時代になった、と脅威に感じてしまう人もいるかもしれません。しかし、考えること、市場の動きをキャッチすること、今の組織や日本だけにとらわれず、世界を相手にすることは、そんなに大それたことではありません。

ちょっとしたことから始めて、毎日の習慣にしてしまえば、生活の一部となって、どんどん力がついていくのです。

その実際をこれから説明します。新しい一歩を踏み出す準備は整いましたか？

目次 index

第二章　こうすれば世界は怖くない

第三章　場数を踏む

第四章　まわりを巻き込む

第五章　やらないことを決める

第六章　明日からできること

第一章

まずは気楽に

1 「正しいやり方」より「むやみにやってみる」
——新しいルール

「これからは、世界で活躍できるグローバル人材が必要だ」「21世紀のグローバル競争の中ではリーダーシップがカギになる」「日本でもグローバル・リーダーシップを開発しなければ」等々。日本政府や日本企業トップの発言をはじめ、至るところで大げさな言葉が飛び交っています。

それを聞いて、「グローバル人材って誰のこと？」「自分には関係ないのでは」と思ったり、「ではいったい、どうすればなれるのか？」と思ったりする方も多いのではないでしょうか。

私は、グローバル人材やリーダーシップに関する議論は「流行」のようなもので、何年かおきにめぐってくるもの、だからそれほど大騒ぎをする必要はないと受け止めています。

世界はぐっと近くなった

では、現在のグローバル人材やリーダーシップをめぐる議論と、以前の議論とでは、どこが違うのでしょうか？　最も大きな違いは、ＩＴの進展によって、世界各地で起こっていることが誰の目にも見えるようになったこと。したがって、グローバル人材もリーダーシップも、実際の状況や行動が世界のどこからでも誰にでも見えるようになりました。つまり、テクノロジーにより「見える化」が進むとともに、世界がぐっと身近なものとなっているのです。

たとえば、以前はアフリカ諸国はもちろん、アジア諸国ですら情報があまりなく、どんなところか、現地で何が起こっているか、日本からはさっぱりわからない状況でした。限られた情報から推測するよりほかに手はなく、こうした国々で活動するといっても何も知らないまま行き、行ってから何とかする、という状況だったのではないでしょうか。

海外留学も同じようなもので、状況がわからないまま行ってみることが多かったように思います。古い話ですが、私の大学時代、米国カンザス州の大学（セントメアリ大学）に交換留学で行った際には、カンザス州がどんなところか、行く前には見当もつきませんでした。地図で探して、米国のちょうど真ん中にあるな、くらいの知識しか持たずに行ったのです。

実際に行ってみたら、どこまでも平地で坂がなく（だからクルマの運転は楽でした）、歩いていても人をほとんど見かけません。その広さに驚いて、両親に「新宿御苑の真ん中に住んでいるようだ」と手紙で知らせたことがあります。

その後、仕事に就いてから数年後にバージニア大学のビジネス・スクールに行きましたが、バージニア州も、そこが「南部」であることを、行く前には知りませんでした。ニューヨークやコネチカット州（ニューイングランド＝アメリカ北東部6州に属する）に住むビジネスマンと、「東海岸だから同じだろう」「近くに行く」と勝手に親近感を持って無邪気に話していたのです。その時、「ニューイングランドとは違う」という反応が返ってきたので「何か変だなあ」と思いましたが。実際に行ってみてから、「南部」であるバージニア州は南北戦争で戦った「北部」ニューイングランドとはカルチャーも違うし、お互いにあまり良く思っていないことに気がつくといった有り様でした。

その頃に比べ、今はインターネットなどを駆使して、ほとんどありとあらゆる情報を収集できます。外国に行かなくても、世界で今何が起こっているかは、英語のニュースやツイッター、ポッドキャスト、公開されているビデオからいくらでも探すことができます。

たとえば、サッカーが好きなら、ワールドカップで知った国や選手の「その後」を調べてみる。ビッグデータが話題になっていてデータ・サイエンティストが世界で不足していることを知ったら、それに関するオンラインのやさしい教育プログラム（たとえばカーンアカデミー〔＊1〕や、コーセラ〔＊2〕などのMOOC＝Massive Open Online Course）を検索し、試してみる。ビッグデータやプライバシーなどに関連する動画を検索してざっと見るだけでも、世界で議論されていることの感触が得られます。

インターネットでの情報収集や、オンラインでの勉強ができるだけではありません。今のように世界に向けて個人として情報を発信し、世界の誰とでも直接コンタクトできる時代は、これまで以上に、誰でもその気になれば新しいことを簡単に試すことができます。

したがって、私が本書で皆さんに伝えたいのは、**「世界で活動する」「新しい分野にチャレンジする」「自分の仕事の将来を切り開く」とは、そんなに大それたことではないということです。**

もちろん失敗もするし、予想と違うことも当然ありますが、行動してみて初めてわかること、学べることがあります。それらは、「自分」の貴重な経験になり、あなただけが持つユニークな財産にもなります。

すべての準備が整ってから始めようとしたり、先送りの言い訳を考えたりしてばかりいて何もしない。「本当は○○がしたかった」という人生にしてしまうのはもったいないし、自分の可能性の芽を自ら摘み取ってしまうことになるのではないでしょうか。

最初の一歩を踏み出せば、「世界」はすぐそばにあるのです。

「正しいやり方をしよう」ではなく、「むやみ」にやってみる

いろいろな情報が得られると、どこから始めたらよいかわからない、と手を動かす

前から圧倒されてしまう人や、ガイドしてくれる人がいないと不安に思ってしまう人もいるかもしれません。「**正しいやり方をしよう**」「**無駄はしたくない**」**などと思わず、とにかく自分ができるところから始めてみること**です。自分で試してみる中で次第にコツがわかってきて、誰に何を聞いたらよいかもわかってきます。

私自身、2013年の夏、これまでとは違う新しいテーマを開拓したいと思って、自分にあまり土地勘のないテーマでのセミナーの依頼を「えいや！」と受けてしまいました。後から関連するテーマについてネットで資料や動画を探したところ、古くからの友人が今まさにその分野で積極的に活動していることがわかったのです。久しぶりにメールのやりとりをして、その友人から役に立ちそうな資料や最新のレポートをもらうことができました。

これもまずは「むやみ」(といっていいほど)にネットで検索していろいろ探す中で、全体像が少しずつわかってきた一つの例です。今後、新しいテーマを考える時も同じようなプロセスですればよいという教訓にもなりました。無駄なように見える活動でも、必ず自分の財産と自信になっているわけです。

あまり気負わずに、簡単な(でも時間がかかる)身近な活動から始めていけば、グローバルな力を養うことができます。そして、新しいキャリアのきっかけをつかむことができるのです。

世界を見渡してみると、これでグローバルといえるのかな、と思わずにはいられないような狭い世界観の人もいます。いくら海外関連の仕事をしていても、相変わらず欧米を重視し続けていて、少し前のアジアやアフリカしか知らない。世界の多様化を奨励する潮流を知らず、非常識と思われる行動をしてしまう。

組織のリーダーの地位にあっても自分では決められない、意思決定を先送りする、結果に責任を持たない、といった人もいます（東日本大震災時の組織のリーダーの行動はまさにこれでした。そして、それが世界に広く知られたと思います）。

まだ見ぬ世界、新しい分野へ飛ぶ、跳ぶ、翔ぶ

私は、2014年5月31日に「TEDxTokyo 2014」で短いスピーチをする機会を与えられました。何を話したらよいか主催者と相談した結果、子どもの頃から大好きな凧《たこ》に託して私自身のストーリーを語り、まだ見ぬ世界、新しい分野へ飛ぶ、跳ぶ、翔ぶことを多くの人に勧めたいと思って、「Fly away with me」というタイトルにしま

した（日本語訳版〔＊3〕、英語版〔＊4〕）。

このスピーチでは触れることができませんでしたが、私がそもそも海外に行きたいと思ったのは、「あの海の向こうには何があるのだろう」「どんなところか自分の目で見て、経験してみたい」という単純な動機でした。新しモノ好きだったし、中学の英語のテキストがきれいだったこと、米国人の先生がカッコよかったことから、10代の頃から英語は好きでした。

ただ、留学生試験には何度も落ち、学生運動真っただ中の大学時代に、どさくさまぎれに交換留学プログラムに受かったというのが真相です。今から思うとその時の1年間の経験がとても強烈で、それ以降の私の活動のきっかけになっています。

このような私自身の経験もときどき紹介しつつ、本書ではこのあと、どうすれば身近な活動を「世界で活動する」ことにつなげていけるのか、そして、「個人」の力を高めていくために日々どんな実践をすればいいのかについて、考えていきたいと思います。

2 気楽に声をかける、答える、質問する

――コミュニケーションの基本

私が休暇や会議で海外へ行った時にいつも感じることは、すぐ声をかける、声をかけられたらすぐ答えることの大切さです。もちろん、場所や相手によって会話の内容は異なりますが、日本と比べると、海外では気軽な会話、コミュニケーションが盛んだという印象を持ちます。

海外のレストランや街角ですぐに生まれる会話

たとえば、エレベーターにたまたま乗り合わせた知らない人に、自分から「今日も良い天気ですね」（Another sunny day.）と気楽に話しかけたり、逆に話しかけられたり。

また先日、カナダ・バンクーバーのホテルで珍しいエレベーター・システムを見かけた時のことです。エレベーター内にはフロア表示がありません。エレベーターを待

っている間に行きたい階のボタンを押すと、一番早く来るエレベーターが矢印で示され、それに乗ると自動的にその階へ行けるという、今までに見たことのないシステムでした。

その時、一緒に乗り合わせたほとんどすべての人と、「このエレベーターのシステムは効率的ですね」（This is such an efficient elevator!）などという会話になりました。

何ということのない会話ですが、外国人（とくに北米の人たち）は感じていること、思ったことをすぐに表現するようです。

レストランやバーで隣の人の食べているものがおいしそうだったりすると、「おいしそうだけど、そのメニューはどれ？」（That seems so good. What is it?）と聞くこともあります。

ニューヨークに行くと、住んでいるわけでもないのに、必ず一度は、「6番街はどっち？」（Which way is the Sixth Avenue?）、「ＭｏＭＡ（ニューヨーク近代美術館）にはどうやっていくの？」（How can I go to MoMA?）などと聞かれます。

知らないことは何でも聞いてしまう

こうしたちょっとしたやりとりが、世界で活動することにどうつながるのか、と思うかもしれません。しかし、**気軽にコミュニケーションを取る、通りすがりの人とでも会話を楽しむ、というセンスや、肩に力が入らないちょっとしたユーモア、そして知らないことは何でも聞いてしまうという姿勢が、世界で活動するには重要**なのです。

日本では周囲がいろいろ察してくれて、あえて頼まなくても物事が進むことがよくあるし、いろいろ質問することは良い印象を持たれないこともあるようです。しかし、海外では文化も生活習慣も違う人が多いので、困った時やわからない時でも自分から質問しないと、わかっているものと思われて、そのまま物事が進んでしまいます。誰も面倒をみてくれないのです。

日本のきめの細かい対応は最近、「おもてなし」として世界で有名になってきたのだから、相手の気持ちをいろいろ察してやってくれるほうがよいのではないか、という考え方もあります。ですが、いろいろな人がいる場合、それぞれどんなことを求めているのかを推測することは難しいのが現実です。

「おもてなし」が有効な場合とそうでない場合がある、と考えてもよいと思いますし、それぞれが自立した大人であるから、その人の主体性や好み、意思決定に任せるという考え方もあるのではないでしょうか（実際、私はあまりきめ細かいサービスより、そっとしておいてほしい、自分で決めるから、と思うことがよくあります）。

自分でいろいろ経験して学ぶ以外に方法はない

いずれにしても、自分からアウトプットする、表現することは、世界で活動する場合には、とても重要です。そして、自分の希望を伝える、意見を明確に述べるためには、それなりの「練習」が必要です。

自分から意見を言ったり質問したりすると、誤解されることもあるし、一部の国や会議などの場では表現方法が適当でないこともあります。

たとえば、同じ英語を話す国でも、米国は表現が直接的であるのに比べると、ヨーロッパやアジアでは必ずしもそうではないように思われます。米国に初めて住んだ頃は、何かに誘われた時、明らかに行けなくても、すぐ断ることは失礼なのではないか、と思い、あいまいな言い方をしていました。私自身はやんわり断ったつもりだったのですが、相手は私がはっきりと断わらないのだから来るのだろうと思い、結果的にその誤解を解かねばならなかったこともあります。

一方、英国などでは、もってまわった言い方をすることもあるので、「本当は何が言いたいのか」「どう言ったらよいのか」と迷うこともあります。

しかし、こうしたことはテキストや本には書いてありません。自分でいろいろな場面で試してみて、体感し、次第にどうすべきか学ぶ以外に、良い方法はないと思うのです。

気軽な会話が課題解決につながることも

私が初めて、そして長い期間住んだことがあるのは北米に限られているので、世界というわけにはいきませんが、国際会議などで世界各国の人と会う時も、気軽な会話から始まる場合がほとんどです。ホテルから会場へ行くバスの中では、隣に座った人と決まってといっていいほど自己紹介して会話をします。

同じ会議に参加することがわかっているので、「初めて?」とか「どこから来たの?」「どんなビジネス?」などは、定番の質問と会話です。そこから共通の友人が見つかったり、同じようなプロジェクトをやっていることがわかったり。話が弾んだり仕事に結びつくこともあります。

その時かかえている課題の解決につながることもあります。私がハーバード大学の博士課程で苦労していた頃、東京行きの飛行機で隣に座ったアメリカ人女性から、「東京でジョギングできる場所はどこか」と聞かれたことがあります（英語の本を読んでいたので声をかけてきたようです）。

私もジョギングをするので、あれこれ話が弾み、東京までのフライトの間、彼女が医学の研究者であること、ご主人が小児科のお医者さんであること、私が博士論文で行き詰まってしまい、夏休みにしばらく日本に帰ろうとしていることなどを話しました。

信頼できそうな人だと勝手に思い、滞在するホテルを聞き、東京に帰ってから数日後に一緒に食事をしました。それで彼女とはすっかり意気投合し、大学のあるボストンに帰った後も、ご主人も含めて親しくなり、ご自宅を訪問するような友人になりました。

私と分野は違いましたが、夫婦とも医学の博士号を持っていたので、博士論文を書いている最中にほとんど誰もが遭遇するジレンマをよく知っていました。「自分には博士論文を終える能力がないのではないか」という自信喪失や、論文執筆中に大学などで教え始めてしまうという、ある種の現実逃避的な行動など、いろいろな悩みをよく知っていて、貴重な話し相手になってくれたのです。

このタイミングでこの夫妻に出会わなかったら私は博士論文を書き終えることができなかったのではないか、また、その挫折感と自信喪失から今のような仕事や活動はしていなかっただろう、と思うほどです。

国内で世界のエキスパートと触れ合う

日本政府はここ数年海外からの外国人受け入れを積極的に推進しています。ラグビーW杯、オリンピック・パラリンピックなどの世界的なスポーツ・イベントのために来日する観光客や、日本での買い物や「経験」を求め、アジアを中心に一大ブームとなっているインバウンドの旅行者があちこちで見られます。困っているような様子が見えたら、すぐ声をかけてみる、気軽に話しかけてみるといった機会が飛躍的に増えています。

また人材の絶対量が不足していることから、入管法も改正され、地方にも多くの外国人が働きに来ることが予想されます。こうした状況は、「気楽に声をかける、答える、質問する」ためにまたとない機会です。また国際会議の招致も各都市が積極的なことから、かなりの数のいろいろな分野の専門家とホテルなどで遭遇する機会も増えてきています。

会議の中には一般に公開されるものもありますから、自分が興味を持っている分野なら、会議の場所や日時を調べてどんどん行ってみてはいかがでしょうか。その気になればエキスパートに直接触れることができる機会はどこにでも転がっているのです。

Best is yet to come

私は元から社交的だったわけではありません。大学時代に交換留学で初めて米国に行った時、誰もが「あなたはどう思うか？」（What do you think?）と聞くのにどう答えてよいかわからず、最初は途方にくれていました。しかし、専門家の意見を聞いているわけではなく、私がどう思ったか、どう感じたか、好きか嫌いか、という簡単なことを尋ねているのだと次第に気がつき始めました。

特に初めての留学だったので、英語があまりわからず、クラスが終わると毎回先生に「宿題は何か」と聞いていたのですが、聞けば親切に教えてくれるという経験をしたので、わからないことは何でも質問したほうがよいと学びました。こうしたコミュニケーションの取り方から、少しずつ社交性を身につけてきたような気がします。

質問や意見はすればするほど、失敗もしますが、コツもわかってきます。何も言わないといつまでたってもどうしたらよいかわからず、力がつきません。また**質問にしろ、意見にしろ、大げさに考えないことがポイント**です。そうすれば頭が柔らかくなり、その場に応じていろいろなアイデアやジョーク、そして議論が行き詰まった時に場の雰囲気を変えるユーモアのセンスも磨かれるようです。

誰でも自立した個人として扱う、その意見に耳を傾ける、そしてわからないことは誰にでも聞く——。米国をはじめ世界とのコンタクトで知った、この「姿勢」は、自分の人生は自分自身で生きているという実感や認識につながります。

前節で紹介した「TEDxTokyo 2014」の「Fly away with me」でも話したように、どんなことが起こっても、自分の人生として前向きにとらえる、常に新しいことを求める、将来はより良くなるはず（Best is yet to come.）という私の基本姿勢は、こうした経験から生まれたのかもしれません。

3　どこに座るかであなたの価値が決まる
——戦略的ポジショニングのすすめ

席が自由なセミナーやシンポジウムに行った時、皆さんはどのあたりに座りますか？
私は、基本ルールとして、なるべく前方そして中央の、つまりコンサートや演劇で良いとされている席につくことをおすすめします。

スピーカーに顔を覚えてもらいやすい

それはなぜか？　スピーカーやパネリストの目にとまりやすく、質疑応答の時に手を挙げると指名されやすいからです。セミナーやフォーラム、特に世界経済フォーラムの「ダボス会議」（コラム1参照）や11節で紹介する「サンガレン・シンポジウム」など、スピーカーが一方的に話す〝講演会〟ではなく聴衆とのインタラクション（相互作用）が重視されるような会議では、前、中央の一番良い席に座るのがよいと思います。

こうした会議では、たとえ時間切れになってしまい、質問があったのに発言の機会が与えられないような場合でも、後でスピーカーに直接質問すればよく、その時にスピーカーも覚えてくれている可能性が高いからです。

しかし、日本では、講演会などでも前の席が空いていることがよくあります。前方席はスピーカーやパネリストなど関係者のために確保されている場合もありますが、そうでない場合でも、なぜか空いています。

これは学校時代の経験（大学でも大学院でも、前の席に座っていると指名されやすいと思っているのか、後ろのほうから席が埋まる）が影響しているのかもしれませんが、いろいろな人が参加するセミナーや国際会議などでは、前の中央あたりに座るほうがよいでしょう。会議の映像をスクリーンに流している場合、それに映りやすいといったメリットもあります。

自分のポジションを持つための第一歩

こういうと、皆さんの中には、あくびをしていたり、つまらなそうにしている自分の顔が画面に映ったら困る、出る杭は打たれる日本では目立ちたくない、質問といわれても考えられない、だから後ろのほうの目立たない席に座る、という人もいるでしょう。しかし、まさにそのために、目立つ席に座ることを自分に半分「強制」することをおすすめするのです。

グローバル化、デジタル化、クラウド化が進み経済や技術が大きく変化する中、**今後は人材についても、キャリアについても流動化が進むので、組織に全面的に依存しない自分のポジションをしっかり持つことが必要です。その第一歩として、まず簡単にできる、一番目立つところに席をとることから始める**のです。

目立つところに座ると、スピーカーやパネリストに近いので臨場感も違いますし、彼らのオーラやエネルギーをじかに感じることができます。それにつられて、話も一生懸命に聞くようになり、問題意識も生まれ、いろいろな疑問を持つようになります。

私は常に自分の意見を持つことや、自分のポジションをとることの重要性を強調していますが、席をとることはポジションをとることにつながるのです。

企業の事業戦略でも戦略的ポジションの重要性が叫ばれていますが、個人でも同じです。目立つ席を選ぶところから、自分独自のポジションや見解を持つことを自分に強制し、そこから自分のユニークさを見出し、磨くのです。

ディナーではどんな席を選ぶべきか？

会食の時にどのテーブルに座るかも結構、頭の痛い問題です。席が指定されている場合はそこへ行けばよいのですが、国際会議などでは、ごく一部のＶＩＰ用テーブルを除けば、ランチ、ディナーなどは自由に席を選べることが多いのです。

その場合、どこに座ったらよいのでしょうか？

私も１９９０年代初めに北京で開かれた大きな国際会議に招待されてパネリストをした時、途方にくれたことがあります。パネリストではありましたが、こうした国際会議は初めてであり、参加者で知っている人がほとんどいない状況でした。

着席ディナーがあることは知っていたのですが、どのテーブルに座ったらよいのかわからなかったので、会議の担当スタッフに相談しました。私が一人で来ていることを知ったスタッフは、話が合いそうな人たちのテーブルを探してくれて、とても助かった経験があります。そこから、会議の場でも、どうしてよいかわからない場合は聞けばよい、助けを求めればよい、ということを学びました。

その後、ダボス会議などに参加するようになった初期の頃も、せっかく世界からいろいろな人が集まっているのだから、日本人の多いテーブルには座りたくない、でも周囲に知っている人があまりいない、ということがたびたびありました。

その場合、何となくよさそうなテーブルで（地域や組織が偏っているテーブル以外という意味）、席がまだ空いているところを探し（かなりいい加減ですが）、すでにテーブルについている人に「この席は空いていますか」と聞いて座るようにしました。

テーブルを決める時の「私のルール」

『世界級キャリアのつくり方』（東洋経済新報社）にも書きましたが、２０００年に初めてダボス会議に行った時、たまたま座ったワーキング・ディナーのテーブルで、ディスカッションの司会進行と結果をレポートする役割をすることになりました。その時は、同じテーブルの人（男性）たちが「司会進行とレポートは、女性にやってもらおう」と言ったのです。

見回すと、ほかの女性が皆参加者の配偶者で、それらしいのは私しかいなかったので、「えいや！」という感じで、初めての経験でしたが、何とかやってみました。すると、同じテーブルの人たちに好評で、その後、会議中に何度か「よかった！」と声をかけられ、これが大きな自信になりました。

実はそのテーブルにはハーバード大学のジョセフ・ナイ教授ご夫妻もいたことを後で知りました。ジョセフ・ナイ教授は、「ソフト・パワー」などの概念で知られる世界的に著名な国際政治学者です。知日派としてもよく知られていて、その後もダボス会議やそのほかの会議で何度かお目にかかる機会がありました。そうした折に、たとえばオバマ前大統領の選挙戦でのソーシャル・メディアの使い方や、新しい時代のリーダーシップについてなど、毎回のように私が質問するので、顔を覚えてくださっているようです。こうしたちょっとしたきっかけから、著名な学者に顔を覚えていただくこともできるのです。

最近ではこのような会議に参加する回数も増えたため、顔見知りも増え、同じテーブルに座ってお互いの近況を話し合うこともあります。また、たとえ顔見知りがいなくても、自分が関心を持っているテーマを専門にしている人たちのテーブルを探して、「このテーブルに参加していいですか?」と聞くことにも慣れてきました。

私は今でも、「**日本人ばかり集まったテーブル、前からよく知っている人たちのテーブルは避ける**」というのを自分のルールにしています。

4　好奇心がポイント
――朝食会、ランチ、ディナーの乗り切り方

前節では、国際会議の会場やディナーのテーブルで「どこに座るかがあなたの価値を決める」「ポジショニングは企業だけでなく、個人でも大切」と書きました。しかし、よさそうなテーブルを探して座ったのはいいのですが、それだけでは何も始まりません。

「どのように会話を進めるか」「どうアピールするか」

そこでここでは、朝食会、ランチ、ディナーなどのテーブルで、誰と何を話すか、どのように会話を進めるか、自分をどうアピールするか、について考えてみましょう。海外で必要なだけでなく、その基本的な考え方は日本国内でも応用できると思います。

ディナーは10人から12人くらいが座れる丸テーブルのことが多いですね。その場合、食事が始まる前にそれぞれがテーブルを回って、簡単に名前など自己紹介することが

少なくありません。名刺交換する場合もありますし、しないこともあります。

さて、席について食事が出てきたら、どうするか。特にスピーカーの挨拶がない場合やテーマが決まっていないディナーなどでは、何を話してもよいわけです。前節で書いたように、スピーカーがいる場合、その話を聞いて、隣の人とそこから会話が始まることがあります。また、テーマが決まっていて、テーブルでディスカッションする場合は、誰かが司会をして議論が始まるといったこともあります。

そのいずれでもない場合は、誰と何を話すか？　特にいろいろな国の多様な分野、それもその場で初めて会った人たちと一緒のテーブルで、英語が共通語の場合、どこから始めたらよいでしょうか。

おもしろいと思ったことをそのまま口に出して会話を進める

私は、まずテーブルの両隣の人と、いただいた名刺をきっかけにして、「どこが仕事の本拠地ですか」「どんな仕事ですか」といった質問から会話を始めることが多いです。日本では自己紹介をするときもどこの会社に勤めているなど、組織の話から始めることが多いですが、外国人の場合、組織よりもどんな仕事をしているのか、出身地よりも仕事のベースはどこですか、という聞き方のほうが多いようです。これもグローバル化が進んで、国籍よりは、どこがベースかのほうが話しやすいからなのかもしれません。

一度に両隣の人と話をすることはできないので、まず左側、それから右側の人（逆でももちろんよい）と話して、どんなプロフィールの人なのかを知ろうとします。

誰でも、自分のことを話すのは比較的簡単であり、またそれを好むようなので、喜んでいろいろ話をしてくれます。さらにそこからどんどん質問して、会話を進めます。

また相手も私に対して、どこが本拠地なのか、何をしているのか、この会合やこの場所は初めてか、などと聞いてきます。

その場合、自分の仕事、地域（国や都市）、会合のテーマに関するコメントなどを簡潔に、そしてフランクに話すことが大切です。相手の仕事や関心事が自分に関係がありそうだったら、そこから質問したり、話を進めたりします。難しく考える必要はまったくありません。**自分が疑問に思ったこと、感じたことを質問したり、話したりすればよい**のです。

「正しい質問とは何か？」「してはいけない質問とは？　話とは？」「アピールするた

めの会話のヒントとは？」などはあまり気にせず、「おもしろいなあ」「興味深いなあ」「もっと知りたいなあ」と思うことをそのまま口に出して、会話を進めればよいのです。

個人的な意見を自由に話し、多様な意見をシェアする

でも、あまり重いテーマ（宗教、政治紛争など）やプライベートな話（年収、結婚歴など）から始めると厄介なこともあるので、私はそうした話題を最初にすることはありません。

最近は、会議などで日本の状況に興味を持って質問してくる人が多いので、その場合は、自分の個人的な意見を自由に話します。たとえば、アベノミクスはどうなっているのか、本当に日本経済は復活するのか、高齢化にどう対応しているのか、女性の立場は変わってきたのか、などはよく聞かれる質問です。

相手は、ニュースのコメンテーターのようなコメントを期待しているのではなく、「日本の人はどう思っているか」を聞いているだけなので、自分なりの判断や見解をざっくばらんに話せばよいのです。

また逆に、あなたのまわり（「あなた」という直接的な表現より、このほうがよいと思います）ではアベノミクスはどう見られているか（How is Abenomics perceived received at your place of work or among your friends?）、何が課題か、と相手に聞いてみるのも、視野を広げる点でよいと思います。ディナーでもランチでも、多様な分野やさまざまな国の人たちのいろいろな考えを直接聞くことができ、シェアすることができるのが一番のメリットなので。

相手に好奇心を持ち、想像力を持って自分との関連を見つける

ディナーのテーブルでの会話から新しいネットワークが広がったり、それまでは知らなかった分野に自分の世界が広がったりすることもあります。

それは、何も国際会議という場に限りません。以前に、東北の高校生を米国に招く「TOMODACHI ビヨンドトゥモロー」〔＊5〕というプログラム（「教育支援グローバル基金」主催）で、新しい分野のプロと知り合ったことがあります。ビヨンドトゥモローをサポートしていた企業や個人などのランチの場でのことです。同じテーブルになったのが、東北の高校生数人、日米協会の古い友人である日本女性（数十年ぶりに会い、そこからまたコンタクトが始まりました）、そしてその場で初めて会った

伊香修吾《いこうしゅうご》さんでした。

皆簡単に自己紹介をした時に、伊香さんがオペラの演出家であることを聞いて、ランチの後、すぐに伊香さんのところへ行きました（隣の席でなかったので、ランチの間は話すことができませんでした）。私は演劇、ミュージカルなどパフォーミング・アーツ（舞台芸術）の演出にとても興味があり、本当はプロデューサーになりたかったので、オペラの演出家と聞いてとても関心を持ち、伊香さんとぜひ話をしたいと思ったのです。

その時は、ヨーロッパ（ウィーンがベース）で活動している日本人のオペラ演出家ってどんな方なのだろう、という好奇心からいろいろ伺いました。その後、メールのやりとりをしていたところ、インタビュー記事が載るというお知らせをいただきました。記事に書かれていた伊香さんの経歴（経済学の修士を取り、国際機関で働こうと思っていた）を読んで、さらに関心を持ち、それから何度か会うことになりました。

能とオペラを統合した新しい試みをしている伊香さんの活動を、演劇界で仕事をしている友人やスイスにいる友人に紹介したり。日本の歌舞伎などの伝統芸能とオペラでの演出の違いなどについて、伊香さんからいろいろ教えていただいたり。たまたま同じテーブルに座ったことから、私がそれまで関心を持っていた（でもほとんど何も知らない）分野の方だったというご縁をきっかけに、新しい友人が増え、世界が広がったのです。

世の中にあまたあるハウツーのヒント集や「こうすればディナーで自己ＰＲができる」といったノウハウ集にあまり惑わされず、素直に相手への好奇心を持つ。そして想像力を持って自分との関連を見つけることが、「一期一会」のテーブルでの会話を楽しいものにするのではないでしょうか。

初めて会った人との会話は数を重ねると慣れて肩の力が抜けて気楽にできるようになりますが、一方、それをいつも続けていくのはかなりのエネルギーが必要です。それぞれの人が持つエネルギーは周囲を明るくしたり、良い影響を与えたりすることが多いので、エネルギーを絶やさない努力をすることも大事です。

5 「ダメ元」で言ってみる

――しっかりとセンス良く主張する方法

海外に行くと、新しい経験が多いので、行動の基準や習慣がわからない、空気を読めないことが多々あります。わからないから不安になるかもしれませんが、わからないからこそ、リクエストやチャレンジをする機会にもなります。

海外では意外にリクエストが叶えられる！

日本では、提供されているサービスが当たり前、常識と思われて、決まっていることが多いので、それからあえて違う行動をとろうという気にもならないかもしれません。でも、海外では一般的に自由度が日本より高いようなので、「**ダメで元々**」**と頼んでみたり、聞いてみたりする**ことをおすすめします。

たとえば、レストランのメニューに載っていないものでも「○○はできますか？」と聞いてみると、「できる」と言われることもよくあります。また、「山羊のチーズは嫌いなので、ほかのチーズに替えてほしい」「つけあわせのフレンチフライを別の野菜にできないか」などと頼むと、多くの場合、対応してくれます。コース料理のデザートも「甘いものでなくフルーツがほしい」とリクエストしてみると、変更してもらえることが多いのです。

ニューヨークなどでは、量が多すぎて食べきれない料理の場合、持って帰りたいと頼むと大体の場合はお土産用にしてくれます（以前は「Doggy Bag」といわれていました。「犬用」という意味ですが、実は次の日に自分が食べるのです！）。

飛行機の座席など事前に座席指定をしていても、チェックインカウンターで、もっと良い席（前方、座席の前のスペースが広いなど）はないかと聞くと、探してくれることがしばしばあります。もちろん変更できない時もありますが、何も聞かないと何も始まらないので、一応聞いてみる。実際、私は最近ニューヨークを往復したのですが、行き帰りとも良い席に替えてもらうことができました。求めないと何も始まらない、少なくとも自分の希望を伝えることが大事なのです。

以前、こんなことがありました。事前に座席を指定していたのですが（ビジネスクラスの一番前の通路側で、私が好きな席）、チェックインをしようとしたところ、航空会社の人に「席を替わっていただけませんか」と聞かれたのです。どこに移るのか聞くと、同じ列の反対側（左ではなく、右側のビジネスクラス一番前の通路側）だったので、「いいですよ」と返事をしました。

「ところで、なぜ？」と聞いたところ、「赤ちゃんをつれた乗客がいて、あなたが予約していた席の前に、赤ちゃんを寝かす台があるから（反対側にはついていない）」と言われました。「何だ、そういうことか」と思ったのですが、ついでに、「替えるなら、ファーストクラスに替えてくれてもいいのだけど（笑）」と言ってみました。ほんの冗談のつもりだったので、その時は、スタッフと笑っただけで終わり、すっかり忘れていました。

しかし、ゲートに行ったら、ファーストクラスの搭乗券が待っていたのです！

あれ！　という感じで搭乗券を受け取り、「とりあえず言ってみるものだなあ」と実感したのでした。こんなことがよく起こるとは思えないのですが、気軽に冗談っぽく言ってみることが思いがけない幸運につながるかもしれません。長距離のフライトでは、さすがにファーストクラスのほうが格段に快適ですから。

相手のミスでは我慢せず断固自分の権利を主張する

一方、ちゃんと予約しておいたのに予約が入っていないと言われたり、ホテルなどで、頼んでいたよりも低クラス（景色が見えない、暗いなど）の部屋に通されたりすることもあります。そういう時は、断固自分の権利を主張しなくてはなりません。

２０１４年の夏、カナダのバンクーバーで車を借りた時のことです。前もって予約しておいたのですが、カウンターに行ったら「そんな予約は入ってない」と言われました。予約確認の番号が入っているメールをプリントアウトしていたので、「ここにある！」と二、三度押し問答した結果、レンタカー会社のスタッフが間違っていて、コンピューターに記録があることがわかりました。自分の間違いなのに、相手は「しれっ」としていましたが、私は車が借りられればそれでよいので、さっと手続きを済ませて目的地に向かいました。

長いフライトの後でかなり疲れていたので、イライラしたり腹が立ったりしましたが、そういう時はヒステリックになったり、どなったりしないで、クールに、しかし断固権利を主張するのがコツです。

あとで別のレンタカー・オフィスでその話をしたら、車の台数が足りないので、そう言うこともある、そう言ってみてお客様の対応を見る（あわよくば車を貸さなくてよくなるように！）と聞きました。これにはかなり愕然としましたが。

海外では通用しない「我慢」という美徳

日本では、子どものときから「我慢」することを教えられます。もっと大きくなってから、とか、会社などでももっと経験を積んでからなど、知らず知らずのうちに「耐えること」「我慢すること」が美徳のように教えられているようです。「若いくせに生意気だ」「自分の仕事が終わっていても、上司が帰らないうちはオフィスにいなくてはならない」というのもひとつの「我慢」「耐える」という不文律にもとづいているようです。

海外でも日本人は与《くみ》しやすいと思われているところがあるようで、予約したタイプの部屋より下のクラスの部屋に通されたり、グループのほかのメンバーより待遇が悪かったりすることもあるようです。そういう場合は、「正当に怒る」ことが大切だと私は思います。

我慢を重ねて内にこもったその怒りがある時爆発して大事になるよりも、小さなことでも明らかに差別されたとか、正当な待遇を受けていない場合は、断固権利を主張することが必要です。怒る、権利を主張するのにはエネルギーが必要ですが、日本でよく見られる「我慢」「耐える」という美徳は海外では通用しないと考えておいたほうがいいです。

「ダメ元でいろいろ頼む」「ダメなものはダメと断る」

相手の間違いらしいとわかっていても、英語で交渉しなくてはならないので、気が重い時も少なくありません。しかし、日本人や女性は与しやすいと思われていることもあり、また、一度そうした弱みを見せると、相手がどんどんつけあがって次々要求や難題をふっかけてくることもあるので、そこはしっかり自分の主張をすることが大切です。

私がこうした交渉や喧嘩をする場合は、**十分に睡眠をとり、エネルギーレベルを高くしておいて、自信を持って自分の立場をクールに、しかし力強く主張**します。それでももめる場合は、「いい加減にしてほしい、ばかばかしい、ひどい」などかなり強い言葉を使いますが（そうしないと私の気持ちが済まないので）、こちらの希望を通すことが目的なので、それを忘れないようにして「喧嘩」します。

私の知る限り、ダメで元々（ダメ元）と思っていろいろ要望を出してくる人が海外では多いのですが、相手の主張がおかしい時はロジカルにおかしい、と指摘すると、あっという間に要望を取り下げることが多いです。このあたりは、希望を入れてもらえそうだと思った時だけ要望する日本とはだいぶ状況が違うように感じます。

頼む側になったら、ダメ元でいろいろ聞いたり頼んだりしてみる、頼まれる側になったら、ダメなものはダメときちんと断る、というのがよいでしょう（実際、逆の対応をしている人をときどき見かけるので）。

いずれの場合もカリカリしないで、余裕をもって事に当たるのがコツです。

〔＊1〕カーンアカデミー（Khan Academy）https://www.khanacademy.org/
〔＊2〕コーセラ（Coursera）https://www.coursera.org/
〔＊3〕Fly away with me: 石倉洋子 at TEDxTokyo 2014（動画、日本語訳版）〔本書の巻末にテキスト収録〕
https://www.youtube.com/watch?v=-uTRVcvEUMY&index=10&list=PLsRNoUx8w3rMPnRKHwjijK_kz26T9IAH2
〔＊4〕Fly away with me: Yoko Ishikura at TEDxTokyo 2014（動画、英語版）〔本書の巻末にテキスト収録〕
https://www.youtube.com/watch?v=CJBK7hgoJHc&list=PLsRNoUx8w3rPD2NtZZGpI-

vWX4SMvM2Ti&index=9

〔＊5〕TOMODACHI ビヨンドトゥモロー　http://usjapantomodachi.org/ja/about-us/

column 1

世界経済フォーラムとダボス会議

世界経済フォーラム（World Economic Forum: ＷＥＦ）とは、１９７１年に行われたヨーロッパ・マネジメント・シンポジウムが前身で、その後44年たった２０１５年の１月に、ＷＥＦは民間および政府の協力する国際機関として認められました。

このシンポジウム（したがってＷＥＦ）の創設者は、ドイツ人のエンジニア、エコノミストであり、博士号2つと修士号を持ち、ドイツとスイスでビジネス経験があるクラウス・シュワブ教授です。教授は、ステークホルダーというコンセプトを当時から提唱しており、政治、ビジネス、その他世界のリーダーが世界の課題について議論するプラットフォームとして、同シンポジウムを始めました。

第１回のシンポジウムはヨーロッパのビジネス・リーダー多数と米国のビジ

ネス・スクールのトップ教授陣を招いて、「今後の課題」「企業の戦略と組織」が主テーマとして話し合われました。当時、力を増していた米国のビジネスに対抗するという意味でも、ビジネスの側面が強調されたものでした。

１９７４年からは政治家や国際機関のリーダーも集めて行われるようになり、１９８７年には名前を世界経済フォーラムと変更しました。

ビジネスを中心に始まったシンポジウムは次第に、各界のリーダー、それも企業はトップだけ、その他組織でもリーダーだけを集める会合として続けられ、独立機関として力を増してきました。

毎年開かれるイベントとしては、「ダボス会議」として名高い、１月にスイスのダボスで開かれる年次総会をはじめ、秋に中国で開かれるサマーダボス、そのほか、東アジア、アフリカ、南米などで開かれる地域フォーラム、インドで開かれる経済サミットなどがあります。

こうした会議には、政治、ビジネス、学界、各種のＮＰＯ、芸術分野などのリーダーが集まり、数日間、世界の課題について議論します。特にダボス会議は、世界のリーダーがダボスという小さなスキーリゾートに数日間集まるため、メディアの関心も高く、最近はテクノロジーを駆使して、国のリーダーの基調講演やホールで行われる主要パネルは、ウェブキャストされるようになっています。世界のリーダーの関心事、課題に関する見解などを直接知ることができるため、世界の潮流やアジェンダを見きわめる上でとても大きな役割を果たしています。

世界経済フォーラムでは各種の調査やレポートも出しており、その知的資産は膨大です。よく知られているのは、毎年発行される国の競争力調査、世界のリスクレポート、世界の展望などですが、そのほかにもセクター、課題別などのレポートが多数公開されています。

世界経済フォーラムは2015年に正式な国際機関として認定されました。2015年は、テクノロジーやグローバル化の恩恵を受けられない一般人の力が結集して、Brexit（ブレグジット）やトランプ大統領の就任など予想外の出来事が続き、これまでにない変革の年となりました。この年は、世界の潮流を自分たちが決めると思い込んでいる、いわゆるグローバル・エリートの閉鎖的な集団の代表のように一部では思われていた世界経済フォーラムにとってもこれまでにない課題に直面した時期でした。

最近は「第4次産業革命」を主要テーマに、テクノロジーが社会を根底から変えつつある今、政府、国際機関、民間企業、市民団体などの協働を推進して、いかに世界の課題を解決していくか、に力を入れています。ヤング・グローバル・リーダーズ、グローバル・シェイパーズ、社会起業家その他のコミュニティも継続して見直しがされ、各種の委員会もテーマの見直し、統合などが毎年のように行われています。日本でもジャパン・ミーティングだけでなく、テーマに合わせた会合がよく開かれています。

企業からの参加は、世界トップ1000社のグローバル企業や新興成長企業など、選ばれた企業が企業メンバーを構成し、戦略的パートナー、業界別パートナーなどレベルに応じて、そのグループのメンバーだけの特別な会合が開かれることもあります。なお、トップだけしか参加資格がなく、実際、多くの会議ではトップだけしか会場に入れません。そのため、直接トップとコンタクトできるという大きなメリットがあり、企業間の提携などビジネスの交渉が行われることも多いようです。

基本の言語は英語ですが、主要な講演や全体会議などには数カ国語の同時通訳がつきます。また講演やパネルのサマリーは多くの場合、すぐに発表されます。

ダボスをはじめ、各会合では数百もの会合が並行して行われ、プログラム自体が公開されていないプライベートな会合も多く、ブレーンストーミングなども毎回のように新しいフォーマットが試行錯誤されています。最近では、プレゼンテーション原稿を読むのではなく、各パネリストの短いコメントから始まって、すぐに参加者との活発な質疑応答になる方式や、ディスカッション・リーダーの下で、参加者自身が議論する方式が多くなってきています。

企業以外は、国のリーダー、国際機関のリーダー、学者などが参加しますが、いずれもごく一部の人が選ばれ、一度招かれたからといってずっと続くわけではありません。それはパネリストもモデレーターもその都度どうだったかがWEFのスタッフに評価されていて、話が下手、内容がないなどとなれば、次回から声がかからなくなるからです。専門知識だけでなく、解決案や新しいアイデアを求めるセッションにいかに貢献するかが、常に試されるのです。

最近は世界経済フォーラムだけでなく、TED（Technology, Entertainment, Design）やSingularity Summitなどさまざまなシンポジウムやフォーラムも世界のあちこちで行われるようになっており、個人でもその活動をフォローすることができるようになっています。

世界経済フォーラムのようにごく一部の人しか参加できない会合もありますが、広く公開されている会合も多いですし、その場所に行かなくても、ライブストリームなどを追うことは以前よりずっと簡単です。こうなると、どのようにその時間を確保するか、のほうが個人にとっては大きな問題となります。

第二章

こうすれば世界は怖くない

6 先手必勝！
――自信がない時こそ実践したい発言法

会合やディナーの席で、あるテーマについてコメントを求められたり、議論をしたりすることはありませんか。日本ではこうした機会は、一部の人に限られているので、どうしたらよいか迷うこともありそうです。

その**一番のコツ**は、「**口火を切る**」、**あるいは**「**なるべく早く順番が回ってくるように位置取りをする**」ことです。また、「先手」がとれなかった場合には、簡単なことでもよいので「**自分にしか言えないユニークなことを言う**」ように心がけることです。これは、その場の言葉が日本語か英語か、参加者が日本人か外国人かにはあまり関係がありません。

スピーチの名手二人の後での苦い経験

先手がとれなかった、つまり私のスピーチの順番がたまたま最後だった時に、自分にしか言えないユニークなことがどんなに重要かを痛感したのは、20年近く前のことです。それは私にとって苦い経験でした。

日本企業でコアとなるグローバル・マネジャーを各社30人ずつ開発しようという狙いで、1980年代後半からマッキンゼー・アンド・カンパニー日本支社が10年計画で実施していた「MBI（Multinational Business Institute）」の同窓会パーティーでのことです。

当時マッキンゼー日本支社に勤めており、このプログラムでも講師をしていた私は、三番目に挨拶をすることになっていました。何を言おうかといろいろ考え、一応はスピーチのストーリーをまとめて行きました。

ところが、私の前に登場したのはこのプログラムの創始者でマッキンゼー日本支社長だった大前研一さん、プログラムの中心講師である経営学者の竹内弘高さんという、日本でもトップクラスのスピーチの名手でした。

大前さんは、当時の日本企業やビジネスパーソンについて、「内向き、下向き、後ろ向き」というキーワードを用いて、その場にぴったりで印象的な話をされました。

竹内さんは、「国立大学の教授ではなく、吉本興業から来たのでは？」とよく言われるような軽妙なスタイルで、皆を笑わせていました。

何でもよいから最初に発言する「先手必勝！」

このスピーチの名手二人の後が私という、ただでさえハンディがある状況に加えて、私が言おうと思っていたことをほとんど言われてしまったのです！　二人のユニークなスタイルを私がマネしようと思っても無理。内容にも、新しいものがないとダメ……。そんなことを考えれば考えるほど、焦りが募って悪循環となってしまいました。

結局、何を話したかあまり覚えていないほど頭が混乱し、スピーチは大失敗してしまいました。「当たり前のことを言ってもダメなのだ」「私だけが知っていることを言わなくてはならなかったのに……」。そう思って落ち込み、その晩は〝とても暗ーい〟気持ちになり、自宅に帰ってから、やけ酒を飲んだことを思い出します。

それからは「ほかのスピーカーは誰か」、その人たちと違う「私だけが知っていることは何か」をよく考えて、話す内容を決めるようになりました。

では、前もってコメントを頼まれていない会合ではどうしたらよいでしょうか。その場合、私が心がけているのは「先手必勝！」です。「何かコメントや質問はありますか？」と言われた時、すかさず質問をしたり、コメントをしたりするのです。**特に英語の場合は、何でもよいから先に言うことが不可欠です。**

英語は私の母国語ではないので、国際会議などの経験が多いとはいっても、一生懸命聞きながら自分のコメントを考えるのはエネルギーがいります。議論が進んできた段階で、ユニークかつ新しいコメントをするのはなかなか難しい。

ではどうするかといえば、そのカギは「先手必勝！」にあるのです。このことは、はるか昔の米国でのＭＢＡ時代の経験から学びました。

後になればなるほどプレッシャーは高まる

ＭＢＡのクラスでは、成績の半分くらいがクラスでの貢献度で決まるため、毎回クラスで発言していれば、成績のことをほとんど心配する必要はありません。しかし、発言していないと次第にプレッシャーが高まります。「これまでの議論にない新しい視点」と思われることを言わなければと焦る一方で、議論についていくのが精一杯。「すごい」ことなどなかなか言えない、クラスにも貢献できない、という悪循環に入ってしまいます。

そこで、あるクラスでは、教授が必ずといっていいほど「前回からの教訓は？」と聞くのがパターンであることに気づき、そのタイミングで発言してしまうというアプローチを私はとりました。

自分の理解力、その場で考える力、いろいろなコメントをまとめる力に自信を持っているのであれば、各クラスの最後にまとめの発言をしたり、「さすが！」というコメントをすることもできますが、当時の私には、それは難しいと思ったのです。そこで、「先手必勝！」のアプローチをとったわけです。

電話会議でも最初に発言し、後は「気楽！」

同じように、**セミナーや会合、電話会議でも、「質問は？」と言われた時にすかさず質問やコメントをするのは有効なアプローチ**です。

２０１４年６月から始まった世界経済フォーラムの「Global Agenda Council on Future of Jobs」というグループの初回の電話会議でのこと。新たに組織されたこのカウンシルの今後2年間の目標や活動、特に調査の対象やアプローチなどをリーダーが説明した後、「質問やコメントは？」と聞いてきました。誰もすぐには何も言わないのを「利用」して、私が最初に質問をしてみました。「民間企業を中心に調査をすることは賛成だが、対象とするのは『業界別』か、その場合に『業界』はどう決めるのか」という簡単な質問でした。

世界の専門家が20人近く参加した電話会議でしたが、最初に質問をしたことで、一応私の存在は皆にわかってもらえたと思います。質問自体は非常に簡単なことで、そこから皆が「規模別」「地域別」など調査対象について、さらに深い質問やコメントをしていきました。その口火を切ったのが私というわけです。

1時間で全員が何か発言する。それも英語で世界各地からということになると、発言のチャンスはほぼ1回に限られます。私は最初に発言してしまったので、後は「気楽！」にしていられました（MBAのクラスではないので、競争する必要はないと思ったのです）。

何かについてコメントを求められる時も、できれば順序が早く回ってくる場所に位置取りをすることが大事です。**あるテーマについてのコメントでユニークさを出すのは、後になればなるほど難しい**からです。

長期的にはユニークな発言を目指すにしても、短期的には「先手」を狙う

２０１４年9月15日に開かれた、世界のリーダーが集まる日本発の国際会議「G1 Global Conference」（グロービス主催）での経験についてもご紹介しましょう。最後のセッションは、このプログラムに対するアドバイザリー・ボードのコメントでした。私も10人強からなるアドバイザリー・ボードの一人なのですが、コメントは二番目でした（計画したわけではなく、席順がたまたまそうなっただけ）。

最初にコメントされたのは、内閣府の谷口智彦さん（安倍晋三首相の海外向けスピーチを担当しておられる方で、日本で最も優れたコミュニケーターの一人）です。G1 Global を始めた堀義人さんとダボス会議を始めたクラウス・シュワブ教授を比較した、「さすが」と思わずにはいられない話をされました。

次に登場したのが私でした。私は G1 Global の印象として、次の3点についてシンプルにコメントしました。①日本経済は今、踊り場にあり、これからの成果は私たち次第であることが実感できた、②英語で自由闊達に議論する力のある人が増え、ここまでできるようになったことは感慨深い、③ウェブキャストはこの場に来られない学生、特に高校生に大きなインパクトがある。

自分の番が済み、ほかのアドバイザーのコメントが続く中、「二番目でよかった！」とつくづく思いました。それぞれスピーチが上手な方ばかりなので、後半になればなるほど、ユニークなコメントをするのが難しいことが実感されたからです。

このように、長期的には自分にしかできないユニークな発言を目指しつつも、当面を乗り切る策として「先手必勝！」を試してみてはいかがでしょうか。

7　何を着ていくか？
——場の雰囲気を壊さず、自分らしさをアピールする裏技

夏はクールビズ、オフィスではカジュアルデイなどが当たり前になり、男性は背広、キャリアウーマンはスーツというこれまでのルールがなくなりつつある現在。仕事の場だけでなく、個人的に人に会う時、また、ネットワーキング・イベントや半分プライベートなパーティーなどで、何を着ていったらよいか迷うことはありませんか？

時と場合によって違うAcceptableな服装

何を着ていってもよいのでは、と思う一方で、「人は見かけに大きく影響される」という話も聞きます。選択の余地がありすぎるのは、意外に頭痛の種になるのではないでしょうか。

業界、年代、国、時と場合によってAcceptableな（「許される」というとちょっと強すぎる、「受け入れられる」というくらいのニュアンス）服装がかなり違ってきています。服装のルールという意味で、「ドレスコード」という言い方をすることもあります。

私は経営コンサルティング会社、ビジネス・スクールなどに長年いたので、そこでのドレスコードは大体見当がつきましたが、メディア、デザイン、IT業界などはよく知らない世界だったので、一橋大学大学院国際企業戦略研究科というビジネス・スクールから慶應義塾大学大学院メディアデザイン研究科に移った時は、毎日びっくりすることだらけでした。丸の内あたりのビジネスパーソンやその予備軍の服装とまったく違ったからです。年代もずっと若く、話す言葉もかなり違うと思いましたが、なかでも服装は驚きの連続でした。

それまでも、日本の若い人は世界的に見てもとてもファッショナブルと聞いていたのですが、これがそうなのか！　と毎日が新しい発見でした。といっても最初の数カ月は、何となく違和感があったことも事実です。こんな格好でよいのかな、と。

服装に自信がないと、自分自身にも自信が持てない

服装にはルールがあると自覚したのは、以前マッキンゼー・アンド・カンパニー日本支社に勤めはじめた時の苦い経験からです。東京オフィスでも、クリスマス・パーティーをする習慣があり、ルールは「ブラックタイ」（男性はタキシード、女性はロングドレスの準正装）に近いドレスコードでした。けれども、私は日々の仕事についていけず目が回りそうでまったく余裕がなく、そのパーティーに、クライアントとの会合から直接スーツで行ってしまいました。

そうしたところ、皆とても華やかな服装をしていたのです。「お前の格好は、何だ！」といかにも言われそうな冷たい視線を感じつつ、「知らなかったし、着替える余裕がなかったから」とむなしい言い訳を心の中でして、何とか「耐えた！」のですが、身の細る思いをしました。

自分の服装に自信を持つのはとても大切なことです。皆がブラックタイやロングドレスでいる時に、自分だけその場に合わない服装をして行くと、それだけで気後れしてしまいます。

以前、「ダボス会議」に福田康夫首相（当時）が出席して講演されたことがありました。それぞれの国や企業が毎晩のように趣向をこらしたレセプションを企画するのですが、福田首相が講演をされる前の晩に開かれたジャパンナイトでのこと。「福田首相にどんなアドバイスをしたらよいか」と皆でコメントを出し合ったことがありました。

福田首相に届いたかどうかはわかりませんが、私は「まず Dress nicely にして（一流デザイナーの仕立てのよいスーツを着て）、自信を持ってお話しください」というアドバイスを提案しました。世界の首脳に気後れすることのないような服装をすることがきわめて大事だからです。世界の首脳やリーダーが集まっている場で、自分の服装に自信が持てないと、その自信のなさは参加者にすぐ感じとられてしまいます。ちゃんとした服装をすることはとても大事なのです。

世界中どこへ行ってもひるまないように「練習」する堀場製作所

　またある時、堀場製作所の創業者、堀場雅夫さんから、「世界中どこへ行ってもひるまないように、幹部会議の後、市内のホテルでグループ全幹部対象にブラックタイのディナーをしている」という話を聞いて感心したことがあります（1995年からずっと欠かさず開催しているそうです）。どんな場でも堂々としていられるように、こうした「練習」をして場慣れしておくことはとても大事なことだと思います。

　海外では特に感触がわからないので、先に述べたクリスマス・パーティーでの私の失敗例のように、皆がきちんとした格好をしているのに、カジュアルすぎる服装で行ってしまう「アンダードレス」もあれば、カジュアルな場なのに、ドレッシーな服装をしてしまう「オーバードレス」ということもあります。

　ハーバード・ビジネス・スクール博士課程の学生時代、指導教授であったマイケル・ポーター教授から、一緒に研究をしている数人のメンバーとともに、ボストンのシンフォニーホールでのコンサートに誘われたことがあります。カジュアルなスーツを着て行ったところ（シンフォニーのコンサートは皆スーツなどを着てくるのが通例なので)、その時のアーティストがフォーク風だったこともあり、ほかの人たちは皆ジーンズでした。つまり、私は「オーバードレス」だったのです。「あれ?」という感じで、気まずいというか、「場にそぐわないなあ」と気後れしてしまいました。

中東などでは、もっと服装に気を配らなくてはなりません。初めてアブダビに行った時は、国際会議への参加が目的で、一緒に行く人が男性ばかりでした。女性は私一人で、誰に聞いても「心配しなくて大丈夫!」という無責任にも思えるような答えしか返ってきません。

不安だったため、イスラムの専門家で一度会ったことのある女性学者と、中東に赴任していたことのある新聞社の女性記者を友人に紹介してもらい、どうしたらよいかメールで聞きました。「国際会議では顔を隠す必要がないので、黒のショールくらい持っていけば大丈夫」と二人からアドバイスされ、黒のショールだけ買って行きました。このように、実際の経験がある人に聞かないと答えが返ってこない場合もあるわけです。

中東の男性は日本で会った時は普通の背広でしたが、自国に帰ればその国の服装をしていますので、見間違えてしまわないよう、神経を使います。中東以外の国でも、その場に合った服装をすることは、主催者やほかの参加者に敬意を払うという意味で、国際社会では重要なことです。

なぜテック分野のリーダーは服にこだわらないのか

何を着ていくか？　に関して、時と場合に合わせた服装を、というと、皆さんはテック分野のリーダーがいつも同じ服装をしているのはなぜ？　という疑問を持つのではないでしょうか。アップルのスティーブ・ジョブズは常に黒のタートルネックとジーンズというスタイルでしたし、フェイスブックのマーク・ザッカーバーグなどTシャツとジーンズという人はかなりいます。

なぜいつも同じスタイルなのか、という質問に対して、「何を着ていくかに考える時間とエネルギーを使いたくない」とコメントしたと聞いたことがあります。それを聞いた時、私は変化が激しく、ちょっとぼーっとしていたらすぐやられてしまうテクノロジー企業のトップらしいなあ、と思いました。このコメントはいかにテクノロジーの変化が加速しているか、その変化が予想できるものではないか、テクノロジーの変化によって業界も企業もディスラプト（破壊）されて影も形もなくなってしまう可能性があることをよく示していると思います。

皆ダークスーツではイノベーションは起こせない

最近私は、セミナーやワークショップでも、ゲストや参加者の顔ぶれ、そしてテーマに合わせた服装を考えるようにしています。その場に合ったもの、そして自分らしいものを選ぼうとします（これはかなり頭を悩ます作業なのですが）。

たとえばゲストがアーティストの場合は、きわめてクリエイティブとはいかないまでも、少しはそうした感じに合わせた服を探し、逆に取締役会やセミナーなどで参加者がほとんど日本のビジネスパーソンである場合はスーツを着ますが、意識して明るい色にしています。それは日本企業のトップは年齢が高く地味な服装がほとんどなので、見かけからでも「違う」ことをアピールし、同時に場を明るくするためです。

以前、ある日本の大手ＩＴ企業のフォーラムに行った時のことです。特別招待日だったので、参加者のほとんどが日本の大企業のトップ。東京国際フォーラム（東京・丸の内）で見たその光景は、まさにダークスーツの集団でした。これで変化の速い

IT業界の経営者たちなのだろうか、皆同じような服装でこれまでと違った新しいアイデアは出るのだろうか、と疑問に思ったことがあります。

翌日、外国のお客様とのレセプションで私がご挨拶をすることになっていたので、その時にこう言いました。

「昨日の日本のVIPの服装を見て、何としても今日は明るい色（赤）を着ようと思いました。ダークスーツに身を包んだ個性のない集団からはIT分野のイノベーションは生まれないと思います。せめて服装だけでも明るく、人と違う装いをしてくださるようお願いします」

私は団塊の世代なので、今の若い人のようなファッショナブルな格好をいつもすることはできませんが、それでも場に合った服装、自分の存在に自信を持てるような服装はしようと、自分の持っている洋服の組み合わせを工夫します。

わからない時は「ドレスコードは？」と聞く

場に合わせること、そしてその場の雰囲気にひるむことなく自信を持つためにも、服装の選択はとても大切です。

といっても、どんな場なのかわからないことも多いので、その場合はホストに"What is the dress code?"と聞くのが一番よいと思います。以前、海外から日本に来ていた学者やビジネスパーソンの多くが、ディナーやパーティーに招待されるといつも、そう聞いていたことを記憶しています。外国だと土地勘がないので、場所についてもオケージョン（時）についてもホストやほかに出席する人（前に出席したことがある人がさらによい）に詳しく聞くのが一番です。

会議やディナーの主催者は、目的を考えて招待する人を選び、ある雰囲気をつくり出そうとしているわけですから、服装についても、その気持ちを思いやることが大切です。同時に服装によって、自分の存在やユニークさをアピールすることも忘れてはなりません。

このように考えると、「何を着ていくか」という意思決定も楽しいもの。自分らしさを考える機会になるのではないでしょうか。

8 「鈍感」のすすめ
――経験を積むためのレッスン

最近、業界リーダー企業のトップにお目にかかる機会があったのですが、自分の会社の属する業界以外のことには関心がないようで驚きました。国内を中心とする企業でそれなりの地位に就いたとしても、若いうちから日々の仕事の忙しさにかまけて、ほかの分野のことを知る、新しいことを試す、新しい経験を積む機会を失してしまうと、「自分の世界しか知らないつまらない人」「その会社、業界でしか通用しない人」になってしまいます。

そもそも業界の境界がはっきりしなくなり、競合はまったく違う業界から登場することも多い中、これまで知っている自分の業界しか興味がないのでは、この企業の将来はあるのだろうか、と先が思いやられる気持ちになりました。

それでも会社の名刺があるうちはよいかもしれませんが、「あなたは誰で、何をしようとしているのか」を明確に説明できないと、世界ではまったく通用しません。それに、おもしろい話ができないとなると、ディナーやレセプションでもあまり相手にしてもらえなくなってしまいます。

知識もスキルも人脈づくりも実践でしか身につかない

皆さんの中にも、「仕事を始めてから自分の世界が狭くなった」「人が少ないのに仕事量が増えて、なかなか社外のセミナーやイベントに行ったり、新しい分野の人に会ったりする機会がない」。そう思ったことがある人もいるのではありませんか。

確かにITの恩恵（?）で、仕事量が増えていることは間違いないようです。これまでなら相手から返事が戻ってくるまで〝遊んで〟いられたのに、今やメールやSNSですぐ返事や反応があるため、すばやく対応するとかえって仕事が増えてしまう、と感じている方もいるでしょう。

しかし、それを言い訳に外との接触を怠ってはいけません。ここでは、いろいろな経験を積んだり、活躍の「場」を広げたりすることについて考えてみます。

たとえばリーダーシップもイノベーションも、それを発揮したり実現したりする力は実践からしか身につかないので、実践の場が得られないと、それらとはまったく無縁の〝残念な人材〟で終わってしまいます。もちろん、キャリアもライフスタイルも狭まってしまいます。

ではどうしたらよいのでしょうか？　さまざまな知識を持っていたり、広いネットワークを持っていたりする人は「特別な人」なのでしょうか。いえ、決してそうではありません。

多様な経験を積んだり、いろいろな場に触れたりすることで、知識は豊かになり、ネットワークも広くなります。私の知る限り、**イベントの案内状を送るとほとんど必ずといっていいほど参加する人と、結局来られない人（こちらが大部分）の二通りに分かれる**ようです。

以前サンリオが積極的なライセンスをベースとしたグローバル戦略をとっていた頃、それを担当していた鳩山《はとやま》玲人《れひと》さんは、私の青山学院大学時代のゼミ卒業生です。前職の商社に勤めていた頃から、私が主催していたオープンフォーラム（当初は青山学院の同窓会として始めた年1度のイベント）や私が講演する公開セミナーなどのイベントを知らせると、必ずといっていいほど来ていました。

商社の仕事はとても忙しいはずなのにいつも来るし、積極的に発言するし、友人も増えるし、というパターンで、どんどん知識やスキルを蓄え、人脈を広げていきました。

誘われたら一度は行ってみるのが私のルール

もちろん興味深いすべてのイベントに行き、関心のある人全員に会うわけにはいきません。しかし、新しいアイデアは「組み合わせ」から生まれる場合が多いこと、「違ったもの」に触れるとそれまで考えていたことが新しい観点から見られること、意外なものがつながる可能性があることなど、いろいろな場に行って人に会い、学ぶことのメリットはたくさんあります。

私の場合は、**日程さえ合えば**、**誘われたら一度は行ってみる**ことを自分のルールとしています。そして、一度行ってみて、内容や人に興味が持てそうにないとなったら、ほかにすることがない日でも、二度と行きません。

紹介されたり、会合で初めて知り合ったりした場合でも、初対面の時にこれからも会いたい人かそうでない人かはすぐわかるので、これからも会いたいと思う人にはかなりまめにフォローをします。

自分のレベルよりずっとレベルが高いイベントであっても「出席しませんか」と声をかけていただいた場合、「少しだけ」考えて、結局は行くことにします。気後れしてしまうイベント内容や参加者の顔ぶれの場合もあるのですが、「言い訳リストをつくって避けたいという誘惑」に負けないようにして出席の返事をします。

ただし、日程が合わないものは、どんなに行きたくてもすぐお断りして、忘れてしまいます。**一度行くと言ったら、体の具合が悪いなどよほどのことがない限り、行くのが鉄則**です。

「I belong here」を直感したら努力してみる

レベルが高そうな場合でも実際に行ってみて、直感的に「I belong here（自分にふさわしい場）」と感じたら、何とかそのつながりを続けようとします。最近、英語のポッドキャストを聞いていたら、世界有数のバレエ団アメリカン・バレエ・シアターで20年ぶりにソリストになった黒人バレリーナ、ミスティ・コープランド（最近、テレビCMにも登場し話題になっています）がそのバレエ団のスタジオに初めて行った時、「I belong here を確信した」と言っていました。

見ず知らずの場でも、この感触が持てたら、最初はちょっと居心地が悪くても、努力する価値があると思います。実際、私も数年前、日本学術会議の副会長をしたことから、それまではほぼ無縁だった国内外のトップレベルの学者（特に科学者）の世界に触れる機会を得ました。

国際会議を担当したことから、それまで知らなかった分野（たとえば環境問題）の世界トップクラスの人をパネリストに招待して、モデレーターをしました。またそのつながりから、論文を書くことを依頼されたり、世界有数の学者のお宅を訪ねたり、海外での大きな会議に招待されたりと、世界が広がりました。

この時も、最初は「大丈夫かな」と気持ちがひるんだのですが、「何とかできそう！」という感覚だけを頼りに、続けていってネットワークを広げることができました。

感度を「鈍く」して素知らぬ顔で続ける

外国の場合は、レベルがよくわからず誰にでもオープンというイベントがよくあるので、日本よりはそうしたことを気にせず、自分の感覚で「行けそう」とか「これは違う」という判断をしやすいように思います。

私が5年にわたって主催していた「ダボスの経験を東京で」というイベント（コラム3参照）では、5、6人の小グループになり、いろいろなテーマについて英語で議論したり、ロールプレイをしたりして、誰でも気軽に参加できる内容に工夫しています。「英語」と聞くだけでダメ！　とシャットアウトしてしまう人もいるようなので、なるべくハードルを低く、おもしろそうなテーマを選び、やり方もいろいろ試しています。初めて参加する人でも小さなグループで活動するので、誰でも確実に体験を積み重ねることができます。

実際、私がある企業で行ったワークショップでこのイベントを紹介したところ、それからほとんど毎回出席している人がいます。最初は英語がほとんどできませんでしたが、今では率先してディスカッションのレポートをする役割を続けて、英語もまとめ方もどんどん上達しています。

いろいろな「場」をどれだけ踏むか。新しい多様な経験をどれだけ積むか。そして、その時にどれだけ自然体でいられるか——。こうしたことは、世界がつながっている中、個人が活動する上でとても大切です。

誰にでも「やめようか」という誘惑にかられることがありますし、最初は居心地が

悪いことも当たり前です。そのあたりは感度を「鈍く」して素知らぬ顔で続けていくと、「新たな経験」と「つながり」が得られるようです。

9 完璧は目指さない
——変化の時代の処世術

最近、気になることに「完璧の呪縛」という問題があります。これは私が考えたものではなく、何かの機会に聞いた言葉なのですが、セミナーやワークショップ、また懇親会やディナーなどでも、とてもよく〝遭遇〟します。

完璧を期するがゆえに「何もできない（したくない）」

皆さんは、次のうち思い当たることはありませんか？

- 外国語がなかなかできるようにならない
- 「質問やコメントはありませんか？」と聞かれても、なかなか思いつかない

- 意見を言わない
- 好きなことがありすぎる、逆に好きなことが見つからない
- すぐ返事を出さない

思い当たるものがあれば、「完璧の呪縛」にとらわれている可能性があります。

「完璧の呪縛」とは、100パーセントできるようにならないうちは何もできない（したくない）、いろいろなことがわかってからでないと意見を言えない、相手の答えを想定してからでないと質問ができない、何かいただいた時にきちんとしたお礼の言葉が浮かばないから返事を出さない――といった心の状態を指します。

私は「完璧を期する」こと自体は悪いことではないと思います。最後までやり遂げよう、きめ細かくいろいろなことを想定して何が起きても対応できるように準備しよう。こうした姿勢は電車が定刻通りに走る、ゴミがなくて街が清潔といった日本社会の秩序正しさや日本製品の品質の高さを実現する原動力になっていることが確かだからです。

自分の仕事を全うしようという姿勢の表れですし、いい加減にしないという点では私たち日本人の誇るべき特性だと思います。

「プロトタイピング」もできず、状況も変化してしまう

問題は、完璧を期するべき分野とそうでない分野があるのに、その峻別をしないこと、そして変化が次々起こる時代にテンポが合わなくなることです。**完璧にこだわるあまりに、「試す、実験する、ちょっとやってみる」という、今必要とされている「プロトタイピング」や「実験」がなかなか行われません。また完璧になるのを待っていると時間だけが過ぎてしまい、状況が次々と変わってしまうこと**もよくあります。

新しいスキルや言語は、実際に使ってみないといつまでたっても上達しません。「完璧にできるようになってから使おう」というのは「実践から学ぶ」という鉄則を無視しているし、矛盾しています。

意見を言えないのも、「聞かれたことについて、すべてを知っているわけではないので、何も言えない、意見がない」ということのようです。

質問についても、「正しい質問」「完璧な質問」がありそうだけど、それが考えられないから質問できない。あるいは、こんな質問をしたらバカだと思われるのではないか、そこまでいかなくても、何もわかっていない、と思われて恥ずかしいと思う気持

ちが先行してしまい、質問できない。

さらには、こう聞いたらこんな答えが返ってくるのではないか、それはこの場にふさわしい応答ではないのではないか、などと台本の「ト書き」が心の中に次々と浮かんでしまい、そうこうしているうちに質問できなくなるということも多いようです。

コメントにしても、話を完璧に理解している自信がないからコメントができない、というように悪循環に陥ってしまうのです。

正しい答えや正しいアプローチが見つからないから?

「好きなことがいろいろあって、どこから始めたらよいかわからない」とか、「何が好きかわからない」というのも一種の「完璧の呪縛」だと思います。

これは「正しい答え症候群」と同じで、どこかに唯一の正しい答え、完璧なやり方があるのではないか、という発想から来ていると感じます。好きなことがあるけど、本当に好きなものに至る道が一つ必ずあって、それがわからない。だからどこから手をつけていいかわからない。

好きなものが何もないから何もできない、というのも同じだと思います。好きなことを見つけるための正しいアプローチや正しい答え（あるいは好きであるべき「完璧なこと」！）があるはずで、それが見つからないから何が好きなのかわからない、ということのようです。

本や何かプレゼントをいただいた場合も、「ちゃんと読んでから」「使ってみてから」、と自分に高いハードルを課してしまい、それができてからでないと「まとも（完璧）な返事」ができない、ということに思い当たる方もいるのではないでしょうか。

いろいろ考えすぎないで、すぐ行動する

では、「完璧の呪縛」を脱するにはどうしたらよいでしょうか。

簡単なコツは二つあります。一つは「**いろいろ考えすぎないで、すぐ行動すること**」。**もう一つは「変化を認めること」**です。

いろいろ考えてしまうと、「完璧の呪縛」に陥りがちです。ああでもないこうでもない、こう言うべきかああ言うべきか、こんなこともありそうだ、と可能性を心の中で次から次へと考えてしまうと、わからないことが多すぎて、何もできなくなってしまいます。

その場ですぐ反応する、その時の印象でものを言うことにする。つまり、すぐ行動すると、自分の中でグルグル回る対話はなくなり、対話が外へ出ていくのです。自分との対話も時として有効なことがありますが、普通は周囲と対話することにより世界が広がり、いろいろな意見も聞けるので、外との対話をすぐにすることを心がけてみてください。

セミナーや会合で会った人の話に共感したので、何か一緒にやりたいと思った時も、すぐそう言ってみると思いがけない可能性が開かれることもあります。

何が好きかわからない、好きなものがないというような場合は、**手当たり次第にやってみることも大事**です。実際やってみると、「好きだと思っていたけれど、実はそうでもない」ということもよくあります。国際機関で働こうと修士課程までいったけれど、ある日オペラを見たらその魅力の虜になってしまい、オペラの演出家になってしまった、という私の友人もいますから（4節参照）。

質問にしても、「あれ？」と思ったことはすぐ聞いてみる。「何かヘン」と思った時に「自分が間違っているのでは？」と躊躇《ちゆうちよ》せずに、疑問として聞いてみるのがいいと思います。つまり、「自分がどう思われるかを意識しない」ことを心がける、とでもいえるでしょうか。

時代は絶えず変化し、自分も進化し変化する

もう一つは「変化を認めること」です。世界がとてつもないスピードで変化していることに異論をはさむ人はいないでしょう。「完璧を期する」という考え方の背景には、何か完全なもの、正しいものはいつの時代も正しい、それを見つけることが大切なのだ、という考えがあるようです。1年前はこう考えていたけれど、いろいろな人に会ったり経験をしたりしたので考えが変わった、というのは当たり前のことだと思います。それなのに、自分の変化を認めず、完璧になるまでは何もできないと考えるのは、自分が進化や変化していくことを放棄しているようにも思われます。

科学や経済の世界を見ても、あるいはアートの世界を見ても、ある時点で正しいと思われたことが、新しい発見やアプローチによって、大きく変わってしまうことは多々あります。情報が増え、手段も豊富になってきたために、これまでは正しいと思われていたことがひっくり返ることはよくあります。

音楽の世界でもベートーベンが出てきた時、彼の音楽はそれまでにはないような斬

新なものだったので、いわば「ロックスターの出現」のようなものだったそうです。それが長い時を経て古典になった。これは、当時の「正しい答えではない」音楽が今や広く普及し、評価されるものになっている、という良い例だと思います。

「仮説と検証」のサイクルを回すことが重要だったのが、ＩＴの驚異的な進歩によって、コストが考えられないほど安くなったため、必ずしもこのプロセスでなくてもよくなってきているのです。膨大なデータをいろいろな切り口で分析してみて、パターンを見つけ出す、というアプローチです。

皆さんも、「一歩が踏み出せない」「ためらいがちになる」などと感じたら、「完璧の呪縛」なのではないか、と自問自答してみては？　そして一歩踏み出し、自分の進化・変化のプロセスを追うようにしてみてはいかがでしょうか。「世界は刻々と変わっている」ということを忘れてはいけません。

10 一に体力、二に体力！
——世界で活躍する人の共通条件

以前、ＭＢＡプログラムを紹介するセミナーやパネルに参加する機会がしばしばありましたが、そうした折、「ＭＢＡを取るのに何が必要か」という質問をされることがよくありました。その時、私が答えとしてよく口にして、皆に驚かれたのが「体力」のことでした。「分析力」とか、「問題を定義する力」などという答えを期待していたらしいのです。

「時差で頭が働かない」はＮＧ

意外に思うかもしれませんが、**グローバルで活躍していくための必須の要件であり、海外で活動する上で私が最も大事だと思うものは「体力」**なのです。

これは、実際にＭＢＡを取りに米国へ行った時の私自身の経験、以前に携わっていた経営コンサルティングの仕事、今でもやっている数々の国際会議に出席する経験から、確信をもっていえることです。

ここでいう体力とは、丈夫で病気をしないということ以上に、**時差や水、食べ物などがかなり違う環境へ行っても元気でエネルギーレベルを保つことができる**、ということです。

世界各地を飛び回る生活をしていると、時差で頭が働かない、仕事にならないというわけにはいきません。いくら和食が世界遺産になったといっても、日本食しかダメというのでは世界でやっていくことは難しい。

それ以上に、海外で病気をして病院に行ったり、医師に相談したりするのは、言語の問題もあり、かなり大変です。薬も簡単に薬局で買うわけにはいきません。保険が海外でも適用されるとは限らないし、医療費はとても高額なので、日本で考えるのとは桁違いに大きな負担になります。

私は、子どもの頃から外で遊ぶのが好きで、運動は何でもやりたかったので、20代の頃からほぼ毎日何らかの運動を続けてきました。

「今年こそ運動をしよう」と目標を立てるビジネスパーソンが多いと聞きますが、私の場合は、運動は何があっても必ずする日課、忙しすぎたりして数日できないとフラストレーションになってしまうほど、運動が毎日の生活の一部になっています。

そのお陰もあって、ほとんど病気はせず、何とか世界でもやっていける体力がついたと思っています（最近はそれを維持するのにかなりの努力が必要ですが）。

夜遊びまくっても翌朝に強い外国人にびっくり

なぜ私が運動と体力の重要性を知ったか？　それは、20代初めに、通訳などの仕事で外国人とかなりの期間、一緒に仕事をする経験を持ったからです。

海外メディアのニュースのアシスタントをしていたこともあり、ハードなスケジュールで仕事をする海外チームと時間をともにすることがよくありました。仕事はハードでしたが、楽しいイベントもあり、時には夜遅くまで皆で遊ぶこともありました。

一番びっくりしたのは、夜どんなに遅くまで激しく踊りまくって遊ぶなどしても、翌朝は何もなかったかのように皆、時間通りに仕事を始めていたことでした。海外の人と仕事をするといつもこのパターンなので、なるほど「体力がないとダメなんだ」と実感しました。

こうした経験がきっかけになって、それ以前からも好きだった運動を毎日するようになりました。留学したり、コンサルティングをしたり、大学で教えたり、私のキャリアが変化する中、ジョギング、水泳、エアロビクスなどと運動の種類は変わってきましたが、必ずするのはこうした有酸素運動と筋肉を鍛える運動でした。

筋トレについては、機械の使い方を教えてもらったことがあるので、世界中どこのジムに行ってもすぐできます。この数年は、以前からやりたかった合気道もやっています。毎年夏を過ごすカナダでは、1日1時間強のかなりハードなサーキットトレーニングを週6日、体力桁違いのカナダ人と一緒にやって、1年を元気に過ごせるような体力づくりをしています。

運動が生活の一部になると暴飲暴食や病気をしなくなる

この10年くらいは、どんな国際会議に行っても宿泊先のホテルにはジムが長時間オープンしているので、参加者とジムで会うことも多く、それで顔見知りになった人もいます。会議でなくても、海外出張する場合は、ホテルを選ぶ際に必ずジムやプールがあるかを調べてから予約します。また、**長時間のフライトの後、ホテルに着いて運動すると、疲れが吹っ飛び、エネルギーが戻ってくる**ような気がしますし、**時差も早**

く解消できるようです。

運動すると何らかの化学物質が脳内に出て、うつ状態になりにくく、なったとしてもうつ状態から早く脱出できるという話も聞いたことがあります（実際、私も冬、外で運動できない時に落ち込んでしまったことがあります）。

また、運動が生活の一部になってくると、自然に暴飲暴食をしなくなり、体力がついてあまり病気もしなくなります。そうなれば、海外で病気になって、医師や病院を探して右往左往したり、医師が見つかっても自分の症状や既往症、飲んでいる薬を外国語で説明したりというほとんど不可能に近いことをしなくてもすみます。一石二鳥より「一石三鳥」くらいの感じです。

これほど「体力」というと外国人はどの程度運動しているか、という疑問が生じるかもしれません。外国人といってもいろいろな人がいるので、一概には言えませんが、教育程度が高く、おもしろい仕事をしている人たちは、健康にも食事にも気をつける傾向が強くなっています。

一時はＩＴ関係の人たちとの会議では、いかに睡眠時間が少なくてもやっていけるか、が競争の基準になっていたことがありますが、最近では睡眠時間を確保し、食事もバランスのとれたもの（最近はビーガン――徹底した菜食主義の人も多いです）を食べるとかウェルネスに留意する人が多いようです。

好きな運動から簡単に始めてみよう

海外では自分の属する組織を代表してというより、個人で意見を言ったり、行動したりするのが通例であることもあって、周囲を見ていても、体力がありエネルギーが満ちている人のほうが「個人」として圧倒的に存在感を感じます。

ここ数年、日本でもジョギングやランニングをする人、トライアスロンに挑戦する人などが増えているようですが、これも世界で活動するには体力が必要ということが実感としてわかってきたからかもしれません。

「運動しなくては！」という強迫観念ではなく、海外でも苦労しなくてすむように、またエネルギーを増すために、何でもいいので自分が好きそうな運動を試してみてはいかがでしょうか。

その際、**最初から「東京マラソンに出よう！」など非現実的な目標は立てない。**近所をちょっと早足で歩いてみようとか、タクシーはやめて歩こうとか、エレベーターやエスカレーターより階段を上ろう、というくらいでよいのです。何よりも、「継続は力なり」です。

「タフネス」は誰でも鍛えられる

「体力」というと体だけかと思うかもしれませんが、タフネスと言い換えるとそこには身体的にタフということとともに精神的にタフという意味が含まれます。知的体力という言い方をされるかもしれませんが、海外で活動しよう、世界を対象に発信したり議論したりしようとするとうまくいくことばかりとは限りません。というよりうまくいかないことのほうが多いと思っていたほうが良いくらいです。

それは自分が当たり前と思っていた「前提」がかなり違うことがあり、その前提を確認しないで、議論しはじめると議論がかみ合わず解決案がなかなか見えず、双方とも疲れてしまうことが多いからです。そこで必要なのが、予定通りうまくいかなくてもくじけない、心が折れないという精神的タフネスです。

こういうとタフネスは生まれつきのものではないか、と思われるかもしれませんが、精神的タフネスや知的体力は身体的体力と同様に、普段から訓練していれば鍛えることができます。子どもの頃から何でもうまくいった、挫折した経験がない、あるいは家庭や学校に過度に守られてしまい、失敗や挫折するような機会が与えられなかった、常に「こういう方向へ行ったら良い」という周囲のいうことを聞いてやってきた、それを周囲が確かなものにしてくれた……という環境にあると、実際一人で外国に行ったり新しい分野にチャレンジしたりしてうまくいかないとそれだけで「自分はもうダメだ」と思ってしまう人がいるようです。

後述しますが、自分の人生は自分が選択する、自分のストーリーは自分で書く、他人に自分の人生をのっとられないという気概があれば、失敗したり挫折したりした自分の価値をもう一度見直して、そこから立ち直ることができます。こうした力が世界で活動するには、不可欠です。

その点で、前述した不条理な待遇をされたり、権利を侵害されたりしたら「我慢」はしない、ただ耐えることは避けるという強い姿勢が必要だと思います。

政府の「働き方改革」は残業時間の上限を決める、インターバルを取るなど、測りやすい「時間」を主要な指標として、また同一職務同一賃金などを目指して進められています。最近では仕事の内容までを含めて、パワハラ、セクハラ、ひどい待遇なども含まれてきていますが、私は日本の「働き方」の一番根底にある問題は労働市場に流動性がないこと、ひどい状況でもその仕事をやめることができない、ということに尽きると思います。過労死や介護離職が日本において独特な問題でほかの高度経済の国であまり見られないのは、「我慢」「耐える」ことを美徳とする社会ではないこと、当事者が自分の限界を一番知っていてそれを基準に判断する、意思決定するという社会が普通だからだと思います。

時には勇気を持って「去る」のも不可欠

継続的に運動をして体力を鍛えるのも大事ですが、知的体力を鍛える、自分の限界がきたら、我慢や「耐える」ことなく、自らその場を去る勇気・柔軟性を持つことがこれだけスピードが速く、これまでにない課題が山積し、大きな波のように襲ってくる今の時代には不可欠だと思います。

実際、私も以前経営コンサルティングの会社に勤め始めた頃、仕事ができず、それでも無理を続けた結果、疲れているのにまったく眠ることができない、という状況に陥ったことがあります。初めての経験でしたが、これはまずい、と思い、上司のところに行ってこのまま続けられません、と訴えました。

その結果しばらく休み、力を回復したことがあります。「続けられません」と訴えるのは私にとってはかなり大変なことでしたが、「できないものはできない」と思ったのです。その後難病の夫が手術した時もコンサルティングと両立することはとてもできないと思ったので、一カ月休職しました。無理に続けて自分の体や心を壊すよりはすっぱり休職してしまったほうが良いと思ったからです。実際に休職したら、あまりプロジェクトには影響がなかったのですが……。

column 2

「石倉洋子のグローバルゼミ」シリーズはこうして始まった

「石倉洋子のグローバルゼミ」シリーズは私が2010年にアカデミーヒルズ（六本木ヒルズ）で始めた、グローバル・アジェンダについて英語で議論するシリーズです。たまたま2009年1月のダボス会議に金融が専門でない私は招かれなかったため、それなら東京にいてダボス会議と並行してできることは何かないだろうか、と考えたのが発端です。

このシリーズでは、ダボス会議のような国際的な場で、自分の意見を述べ、議論できる人材を育てることを第一の目的にしていました。世界の課題を考え、英語で議論する場を東京でつくり、誰でも参加できるようにすることによって、日本ではなかなか触れることのない貧困、食糧、気候変動、途上国への投資、人権など世界の課題に目を向けてもらい、その解決案を自ら考え、共有し、何らかの実行計画に結びつけようというものでした。「世界級の実現力を」という第1回のPRコピーはそれを表しています。

また、世界経済フォーラム（WEF）にある膨大な知識資産に触れてもらい、それを活用してもらいたいという目的もありました。

すべて英語でやってみようという大胆なアプローチを初回からとったため、全体を通したファシリテーターとなった私も数々の試行錯誤を続けましたが、1期生の個人プロジェクトでグランプリをとったANAの深堀昂《ふかぼりあきら》さんは、ジャカルタで開かれた世界経済フォーラム東アジア会議に出席する権利を得ました。このプロジェクトはANAの Blue Wing として4年がかりで実行に移されつつあります（19節参照）。

10カ月間の開催となった初年（2010年）以後、平日の夜に開かれる単発のグローバルゼミ・セミナーを数回実施した2011年以外は、毎年、月1回週末3時間のシリーズとして続けています。トピックを決めて3回3ターム・シリーズにした2012年、基本の考え方やレポートの書き方など入門編を入れた6カ月シリーズの2013年、2014年と、毎年形を少しずつ変えています。これまでの参加者も200名近くとなり、毎年同窓会を開いています。

２０１５年からはこのゼミシリーズも、ゲストのプレゼンテーションと私との対話・会場との質疑応答を英語で行う公開セミナーと、固定メンバーが数カ月あるテーマで学ぶという2部構成にしています。２０１５年からは「仕事や雇用の変化」や「新しいスキルの開発ニーズ」が叫ばれる中、必要ではあるものの、学校、会社、その他教育機関でもあまり提供されていないスキルの開発を目指しています。

２０１５年は個人のセルフ・ブランディング、２０１６年はクリエイティビティを開発する上で必要な多様な視座の持ち方、２０１７年はクライアントの課題を社外のメンバーも含めて解決するプロジェクト・マネジメント、そして２０１８年は昨年の経験から「"Learning by Doing"――アウトプットを通じて成長する」というテーマで開催しています。

参加者はほぼ全員が個人で応募しており、社会人、30代が多く、男女ほぼ半数ですが、学生や50代という人もいます。それぞれ多彩な経歴の持ち主なので、ゲストや私の話だけでなく、同世代で同じような関心を持つ人たちのネットワークとしても活用されているようです。海外に行く人、転職する人、協働事業をする人など、いろいろな可能性が生まれています。

特に初期のグローバルゼミに参加した人たちは、企業内でリーダーシップを発揮する人、起業や転職を目指す人、世界の課題のエキスパート、海外での社会的活動など、とても積極的な活動をして力を発揮している人もかなり多く、このネットワークは私にとってもとても貴重なものです。

「石倉洋子のグローバルゼミ」 http://www.academyhills.com/school/gas/index.html

第三章

場数を踏む

11 「明日のリーダー」はこう育つ
――サンガレン・シンポジウムの舞台裏

毎年5月初めにスイス北東部のザンクトガレン州（ドイツ語読み。フランス語読みではサンガレン）でサンガレン・シンポジウム（St. Gallen Symposium）〔＊1〕が開かれます。日本では世界経済フォーラムのダボス会議ほど知名度がありませんが、同じくらい長い歴史と伝統を持つシンポジウムです。

私は２００８年から参加していますが、世界にはすごい人たちがいること、また若い世代に機会を提供すると実に素晴らしいことを成し遂げるということを、年々実感しています。

学生が主体となって企画から運営まで責任を持つ

このシンポジウムは40年以上前に、「今日のリーダーと明日のリーダーの対話」というコンセプトで始まりました。当時は、世代間の対立が先鋭化しつつあったのですが、力での衝突ではなく、対話でその溝を埋めることを目指したのです。

シンポジウムの一番の特色は、ザンクトガレン大学の学生が主体となって、毎年、企画から当日の運営まですべて責任を持つことです。テーマの企画からスピーカーの選定、交渉、企業スポンサーとの打ち合わせまでを行うＩＳＣ（International Students Committee）のメンバー（学生30人）は、1年間はＩＳＣの活動を中心に取り組みます。

シンポジウムには、企業スポンサーが多数ついていますが、その交渉やイベントの打ち合わせなども学生が行うわけです。

それ以外に、当日の運営をサポートする学生が２００人ほどいて、「5月の3日間」が近づくと2週間すべてこの活動に集中します。このほかに世界から集まる明日のリーダーたちのホスト役としてアパートを提供する学生もいれば、エッセイ・コンテストの予備審査を行う博士課程の学生もいます。

このシンポジウムの活動を当初の企画から当日の運営と残務処理まですべて担うことにより、学生チームは、仕事を完結し、その成果への明確な責任を持つというリーダーシップの貴重な実践経験が得られるのです。またビジネス・リーダーから成るサンガレン財団のサポートを得ながら行うという点も、周囲の力を活用する良い経験になります。

毎年替わる学生グループを継続してサポート、ガイドするために設けられているザンガレン財団は、ザンクトガレン大学をはじめ、スイスを中心としたヨーロッパのビジネス・リーダーで構成されています。

そうそうたるメンバーが世界から集まる

ＩＳＣは政治、ビジネス、学術、メディア、ＮＰＯなど各分野で活躍しているリーダーの中から６００人の「今日のリーダー」を選びます。

その一方で、毎年2月に行われるエッセイ・コンテストの上位１００人、各分野で優れた実績と大きなポテンシャルを持つ１００人、これら30歳以下の計２００人を「明日のリーダー」として世界各地から招待します。

この2グループが5月にザンクトガレンに集まり、２日半、活発な活動をするわけです。「今日のリーダー」が中心となる全体会議、基調講演と並行して行われるワークセッション（分科会）があり、その数は全体で50以上にのぼります。スピーカーとして、いつも素晴らしい人が登場します。

例を挙げれば、パパンドレウ・ギリシャ元首相、トリシェ元欧州中央銀行総裁、クリスティーヌ・ラガルド国際通貨基金（IMF）専務理事、ゼーリック世界銀行元総裁など国際機関のトップ。ファーストイースタン投資グループのチュー会長などビジネス界のトップ。国際環境NGO「グリーンピース・インターナショナル」のナイドゥ事務局長など世界レベルで活動しているNPOのトップ。英フィナンシャル・タイムズ紙のマーチン・ウルフ氏、歴史学者のN・ファーガソン教授など、ジャーナリスト、学者も含む、そうそうたるメンバーです。

ユニークなスタイルのディベートを実施

このシンポジウムは、世代間の対話が中心なので、世界から集まる「明日のリーダー」に、なるべく多くの機会を提供しようという意図が明確です。基調講演でもパネルディスカッションでも、フロアとの質疑応答は若い世代を優先します。こうした会議中の「表」のセッション以外にも、「今日のリーダー」と「明日のリーダー」が比較的小さなグループでインフォーマルな対話をする場も多数企画されています。

世界経済フォーラムなどの会議で見ていて、素晴らしい人だと思っていたラガルド氏も、私はこのサンガレン・シンポジウムでその発言や立ち居振る舞いに直接触れることができました。

インドの食糧品、ITを含む多角化企業ITCのデヴェシュワル会長の基調講演は、まだサステイナビリティ（持続可能性）と企業戦略の関係を詳しく知らなかった私には衝撃でした。グリーンピースのナイドゥ氏の話も、どちらかというとネガティブなイメージもあったグリーンピースの印象を覆すものでした。「こんなに素晴らしい人がいるのか」と感動することが多々あります。

いろいろある全体会議のプログラムの中でも、私がとても好きなのは、英BBCラジオのビジネス記者、ピーター・デイ氏が中心となって行うディベートです。ある命題に対して肯定側と否定側に分かれて議論するのですが、2つのチームの議論に加えて、会場から肯定・否定それぞれに賛同する人が次々と登場して自分の主張を簡潔に述べます。

ここ数年間、私は直接このシンポジウムには参加していませんが、日本からの明日のリーダーの紹介やシンポジウム自体のPRなどは続けています。テーマもその年を反映するものが多く、最近はデジタル化などが進む中での資本家と労働者、ポスト資本主義の時代、ＡＩが普及する中でどう仕事へのインセンティブを維持するか、などに変わってきています。ディベートの形式も変わりつつあるようです。参加していた当時の方法は以下の通りです。

①まず命題を肯定するチームの「今日のリーダー」が7分、命題を肯定する論拠を示すスピーチ。

②次に否定側の「今日のリーダー」が同じく7分、命題を否定する論陣を張る。

③その後、肯定側、否定側いずれも「明日のリーダー」が登場してやはり7分ずつのスピーチ。肯定側と否定側まったく逆の結論を証明することになるが、いずれも説得力のある理論や事例を挙げて、ロジックを積み上げていく。

④さらにその後、参加者の中からどちらかの主張をサポートするコメントを持つ人が次々に登壇し、数分で自分の主張をする。

つまりディベートが2チーム間だけで行われるのではなく、その場で両チームの主張を聞いたばかりの参加者がさらに自分の意見を付け加えていくというルールなのです。

元のチームは十分準備をしているので、スピーチが明快であるのは当たり前ともいえるのですが、次々に登場する参加者のコメントに新鮮味があったり、新しい視点があったりするのが、このアプローチの醍醐味なのです。各チームそれぞれ10人以上の応援コメントが終わった後、最後に両チームがサマリーをして、ユニークなこのディベートは終わります。

世界にどんどんチャレンジしてみよう

若い世代にも大きな会議の場で自由に意見を述べる機会を提供していること、それにこたえて積極的に参加する若い世代が多数いることには、毎回とても感銘を受けます。

特にその場ですぐ反応する、意見を主張するというこのディベートは、初めて触れた時からとても印象に残ったので、私自身同じような形式を、慶應義塾大学大学院メディアデザイン研究科のＫＭＤフォーラムをはじめ、一般に公開しているいろいろなセミナーやワークショップで試しています。

コメントを追加していく際、肯定否定いずれをサポートする場合も、いくつかのアプローチがあります。自分がサポートする側のそれまでの論点をより強化する新しい視点を加える。新しいデータを提供してもよいし、相手方（肯定側をサポートする場合は否定側）のロジックを揺るがす視点や事例を紹介してもよいのです。いずれの場合も、簡潔にポジション（どちらをどうサポートするのか）を明らかにした後、事例や視点を説明します。それまでのコメントと重複するのであれば、付加価値はありません。

今、世界的に脚光を浴びているリーダーも、こうした経験の場を与えられなければ現在の地位は築けなかったでしょう。この会議で発言している「明日のリーダー」こそ、まさに明日の世界を背負う人たちになると思います。特にエッセイ・コンテストは大学院に籍があり年齢制限にひっかからなければ世界の誰でも応募できるので、とても多くの人に機会が開かれています。エッセイがトップ１００名に選ばれれば、シンポジウムに招待され、トップ3位までには発表、インタビューなどの機会が与えられます。

「国際会議は有名な人のためだけ」「誰かにノミネートされないと出られないもの」などと決めつけず、日本からもどんどんチャレンジしてほしいと思います。

議論の練習に最適なディベート

どんな形を取る場合でも、ディベートは肯定否定とポジションをあらかじめ決めて、その結論をサポートするためのロジックを構築するという点で、論理的な考え方や、建設的な議論をするのにとても良いフォーマットですし、私自身がとても好きなものなのです。ですから企業対象のワークショップやグローバル・ゼミなどで試すことが多いのですが、最近は、ディベートはやったことがない、という若いビジネスパーソンが多く、愕然としています。

以前はディベートがある種の流行になり、論理構築の練習として学校などでもよく使われていたのに、どうなっているのだろう、と疑問に思い、かつ懸念しています。こうした練習の機会がないと、反対意見が出た時にそれだけでびっくりしてしまい、定義や前提を確認するとか、より高いレベルでの共通項を求めるとか、肯定否定の理由を出し尽くし、意思決定をする、という訓練ができないのではないでしょうか。

ディベートもプレゼンテーションや気軽な会話と同じように場数を踏めば踏むほどコツが体感できる、またテキストを読んだだけでやってみないといつまでたっても実力がつかないスキルだと思います。

最近グローバルでの事業を推進している日本を本社とする企業でやったディベートはとても興味深いものでした。海外からのメンバーと日本のメンバーが1：2・5くらいの比率からなるグループ40名弱が対象。2回ディベートをしたのですが、「日本企業の公用語は日本語であるべきか」というテーマでやった2回目は、それまでディベートをした経験がない人がほとんどだった参加者にも身近な経験だったので、積極的な議論がなされました。

12 周到に、しかし臨機応変に
――パネル討論での議論のコツ

皆さんの中で、子どもの頃に皆の前で何かを説明する（海外では「Show & Tell」などと呼ばれて実施されている）、自分の意見を言う、先生に質問した経験を持つ方はどのくらいいるでしょうか。最近は小学校や中学校などでもプレゼンテーションに力を入れているところがあるようですが、現在の大人世代は、学校ではほとんど訓練を受けてこなかった方が多いのではないでしょうか。

「あなたの意見は？」と聞かれない日本人

小さなサンプルですが、慶應義塾大学大学院のメディアデザイン研究科で、こうした経験について、私のプロジェクトに所属していた大学院生に聞いてみたことがあります。そうしたところ、「今まで学校で『あなたの意見は？』と聞かれたことはほとんどない」という答えをしたのは日本人（実務経験を持つ人を含む）、「よく聞かれた」

「ときどき聞かれた」という返事はアジアを含めた留学生からのものでした。ある程度予想していたとはいえ、これほど違うのか、と愕然としたことを思い出します。

こうした状況が続くと、世界がつながりつつあり、距離や時間にかかわらず誰でも発信ができる、そして直接世界と接触でき、世界の知的活動に参加できる、というＩＴの恩恵をまったく活かせないばかりか、世界と日本、特に若い世代と世界の断絶を加速することになってしまいます。

ここでは日本でよく見られるディスカッションのスタイルの特色、世界を相手に議論をする上でのコツをいくつかご紹介しましょう。

周到な準備、臨機応変な対応、テンポの良さで周囲を巻き込む

パネル討論など、いろいろな経験を持つ人を集めて多様な視点から課題を考えようとすることが、シンポジウムなどにはよく見られます。しかし、実際やってみるとおもしろい視点が見られない、新たなアイデアが出ない、活発な議論がなされないといった傾向があると思います。

よくあるのは、パネリストが準備したスライドを見せ、原稿を延々と読み、モデレ

ーターが少し質問する程度で、パネリスト間の議論がほとんどなく、フロアとの質疑応答がとってつけたようにごく短時間、というパターンです。

著名なパネリストを集めて意見を聞いたというパネル自体が目的になってしまっていて、立場や経験の違うパネリストがコメントをし、意見の違いの背景を探り、その場で新しいアイデアを導き出す、イノベーションの芽を見つけるといったことはありません。

一方、海外で行われる会議では、電話会議でさえも、もっと活発な議論が行われることが多いように感じます。

では、パネルの本来の目的を達成するためには、何をしたらよいのでしょうか。そのコツは、**周到な準備、その場での臨機応変な対応、テンポの良さ、聴衆をどう巻き込むか**、の4点です。

モデレーターと質問者に求められるスキル

準備で最も大事なのは、各パネリストがパネルの目的や進行案の概要をあらかじめ理解しておくよう事前に説明し、強調したいこと、触れてほしくないことがあるかを

明らかにしておくことです。また、「最初のコメントはポイントだけにしてもらい、一つひとつの発言は短く」といったルールを、メールなどで共有しておくことです。海外にいる人の場合は必要に応じて、インターネット電話「スカイプ」などで実際に事前打ち合わせをしておくこともポイントです。

準備を周到にするからといって、発言の詳細原稿をつくってしまうと、即興の意外性や自然な流れが失われ、あまり良い結果にはつながらないようです。

日本のパネルが往々にしておもしろくないのは、準備された原稿をスライドとともに読むパネリストが次々に登場し、それぞれの主張をしただけで終わってしまうことがよくあるためです。つまり、それぞれの主張のつながりや関係がわからず、なぜ意見が違うのか、ではどうすれば妥協点や同意点が見出せるのか、新しいアイデアは考えられないか、解決するには誰が何をするのか、などが議論されない。議論が白熱して意外なコメントが出る、ということはほとんど見られません。

では、どうしたらいいのでしょうか？

観客が専門家ぞろいで比較的少数の場合は、最初のパネリストのコメントは各5分程度、パネリスト間のコメントも2巡くらいにして、セッションの時間の少なくとも半分を観客との質疑応答に費やしたほうがいいでしょう。そうすると、その場でのエネルギーが生まれ、多様な観点から新しいアイデアが生じ、やっているほうも観客も満足度が高くなります。**かなり大きな会場でも、フロアとの質疑応答を行ったほうが満足度が高くなる傾向にあります。**一方、観客からの質問がない、反応が鈍いという場合でも、黙ってしばらく待つ、逆にパネリストから問いかけてもらうなど、その場で対応します。

また議論を活性化するちょっとしたコツとして、テンポ良く進めることがとても大切です。会議でも何となく間延びしてしまうと、あっという間にエネルギーが消えてしまいます。モデレーターの権限でコメントをカットしたり、質問に割って入ったりしてもよいでしょう。

ここまでの話でおわかりのように、**モデレーターには皆がどう感じているかを察知する感度、パネルの進行度合いに応じた臨機応変な対応（当初の計画は大体途中でボツになる）のほかに、常にパネルの本来の目的をパネリストや観客に思い出させ、時間管理についても柔軟に対応しながら流れをつくっていくスキルが必要となります。**

一方、フロアから質問する場合は、誰への質問かを明らかにした上で簡潔に質問し、

パネル討論でのモデレーターの役割・コツ

事前準備

- パネルの目的や進行案を、各パネリストに周知させておく
- 各パネリストの「強調したいこと」「触れてほしくないこと」を把握しておく
- 「最初のコメントはポイントだけ、発言は短く」など、ルールを共有
- 共有手段としては、メールのほかスカイプなども利用

当日の進行（例：観客が専門家ぞろいで比較的少数の場合）
①モデレーター挨拶（パネルの位置づけ、目的を紹介）
②各パネリストの冒頭コメント　各人5分程度（短く）
③パネリスト間のコメント　2巡くらい
④会場の観客との質疑応答　（全体の半分くらいの時間をあてるのが理想）
⑤モデレーターまとめ

モデレーターに必要なスキル、コツ

- テンポ良く進める
- 皆がどう感じているかを察知しつつ、臨機応変な対応
- 常にパネルの本来の目的をパネリストや観客に思い出させる
- 全体の時間枠を意識しつつも、時間管理に柔軟に対応しながら流れをつくる

その後に背景を説明するスキルが不可欠になります（延々と自分の主張や活動を説明した後、「どう思いますか」と聞くという、質問とはいえない質問をする人は困ったものです）。

コツを学び、実践する機会が多ければ身につく

日本では、残念ながら、自分の意見を発表する、それを周囲と共有して違いを明らかにする、違いの背景を探る、議論のプロセスで新しい発見や解決案を見出す、それを共有していく、という一連の訓練が不足しています。こうしたスキルを体得するためのリスクの低い実践する機会がとても少ないのです。

私が慶應義塾大学大学院メディアデザイン研究科で実施してきたクラスやプロジェクト、そして2010年からアカデミーヒルズ（六本木ヒルズ）で行っている「石倉洋子のグローバルゼミ」（コラム2参照）などはすべて、このような機会を若い世代に提供して、力をつけてもらうことを目的としています。誰でも基本のルールやコツをいくつか学び、実践する機会が多く提供されれば、こうした力を開発することができるからです。

関心を集めているけれど、組織や人によって見解が大きく違う課題や、利害が対立するステークホルダーが複数いるような具体的な事例を用いた、練習の場を考えてみましょう。遺伝子組み換え食品（GMO）について、食糧不足に悩むアフリカのある国の政府、化学品などの多国籍企業、食糧問題を専門にしている国際的NPO（非営利組織）などの代表として議論する。日中韓米のそれぞれの国の立場から環太平洋経済連携協定（TPP）について議論する、などです。それぞれ自分の与えられた立場から意見を述べ、違った見解を持つ人と議論しながら、解決案を考えていく練習ができます。

意見の違いから理由を探る、共通項を探していくという作業に慣れてきたら、今度は少し上のレベルを目指します。実現性はあるけれど、事前に想定していない状況を設定して、その場で議論をしてもらう、つまり考えもしなかった状況、「違った」「新しい」コンテクストへの対応を練習するのです。

たとえば、「電力の固定価格買取制度（Feed in Tariff: FIT）を活用したビジネスは成り立つか？」という課題について、「成り立つ」「成り立たない」というグループに分かれて議論する。このような場合に、「選挙があり、新たに総理に就任した◯◯

氏が、この制度の今後を考えるために、FITビジネスの可能性、功罪についてヒアリングしたいと言っている。その場に呼ばれた2チームは何と説明するか」という設定で議論してもらうのです。

参加者は予想していなかった設定にまず驚き、戸惑いますが、何とか対応して、考えながら進むという経験をすることになります。

前述のようなさまざまなスキルが必要なモデレーターについても、コツを学び、実践する機会が多ければ、誰でもできるようになります。

「世界経済フォーラム」でパスカル教授に教えを請う

一人で司会進行する英語のディスカッションで、私が初めてコツをつかんだと感じたのは大学生のクラブ活動の時でした。「大学の自治」というテーマで、私がディスカッション・リーダーをしましたが、なぜ大学に自治が必要か、という課題を考えるために、まず大学の役割は何か、と質問して、議論しました。その後で、大学が社会で果たすべき役割――知識の創造、蓄積、共有、普及など――を実践するためには何が必要か、と大学の自治の背景に迫ろうとしたのです。

参加者は大学生でしたから、皆何のために大学に入ったのか、何をしようとしているのかは、自分の問題として考えることができます。その上で大学の自治を考えたわけです。最初から「大学の自治」とは、「その意義とは」などと抽象的な質問をしても、自分の生活とあまり関連が見出せないし、そもそもなぜ大学の自治について議論しなくてはならないかがわからないと思ったからです。

自分でいろいろ考えた末に納得して進めたこのやり方を、上級生がとてもほめてくれました。

その時の「ああ、こういうふうにすればよいのだな」という感覚が、それ以後、パネルのモデレーターをする時の自信につながり、またこの時の、自分が当事者として考えられることを切り口とするアプローチは、今でも応用しています。

その後、多くの機会が与えられ、お手本になるような人から教えてもらい、失敗を繰り返しながら経験を積んできました。

コツを教えてくださったメンターは何人もいます。ある研究会でご一緒した主査の先生の場合は、何度もパネルのモデレーターをされるのを見て、議論の進め方はもちろん、毎回最後のまとめが素晴らしいことに感銘を受けて、コツをいろいろ教えてもらいました。時間管理、発言者の順番、質疑応答やまとめなど具体的に詳しく教えていただき、とても参考になりました。

また「世界経済フォーラム」で、アイデアを出すことを目的とした新しい方式のブレーンストーミング（IdeasLab という形式）のモデレーターを初めて担当することになった時（２００９年９月のサマーダボス）も、経験豊かなリチャード・パスカル教授に、「初めての経験なので」と教えを請いました。パスカル教授は私がビジネス・スクールの学生だった頃、『*The Art of Japanese Management*』（邦題『ジャパニーズ・マネジメント――日本的経営に学ぶ』講談社）を共著で執筆された方で、その頃からあこがれていた先生でした。

パスカル教授とはこの時が初対面だったにもかかわらず、教授自身がモデレーターをするセッションにおいて、グループが議論をしている間に細かい点まで具体例を示しながら私に教えてくださいました。

IdeasLab では、モデレーターが最初の背景説明、プロセスの説明などをしてから、各人のプレゼンテーションが始まります。その時のテーマについて、その分野の専門家が４、５人、PechaKucha（ペチャクチャ）という、１枚のスライドが20秒で自動的に送られるやり方で、各5分間のビジュアルなプレゼンテーションをするのです。

モデレーターとしての留意点は、次の5つです。

①全体で75分程度と時間が短いので、時間厳守とテンポが大切。

②各プレゼンテーションの後、コメント、質問などを参加者の2、3人から求める。プレゼンターが参加者に考えてもらいたい質問を問いかけることもある。

③プレゼンテーションがすべて終わった時点で、参加者は、自分が興味を持つテーマのグループのところへ集まる。名前だけ簡単に自己紹介して（名刺交換や長い自己紹介はダメ）、本題の議論に入る。

④議論している各グループを回って、議論は活発に進んでいるか、誰かが議論を独占していないか、後で全体にレポートできるような人はいそうか、などをさりげなく見る。

⑤小グループでの議論（20分くらい）を時間通りに切り上げて、各グループに議論の結果をレポートしてもらう。その際も時間を厳守する。

準備は徹底的にやろう

パスカル教授は、私がモデレーターをするセッションにも来て、細かいコメントをしてくださいました。サマーダボスの最終日、人が集まらず、さらにスライドが映らない、質問が出ない、という三重苦のセッションを私が何とか終えた後で、「これだけ最悪の事態だったのによくやった」と励ましていただいたことは忘れられません。

こうした新しいフォーマットの場合は、特に部屋の広さ、レイアウトを確認し、誰がいつどんな動きをするのか、スライドは予定通りに送られるか、見えるか、などシミュレーションすることも大切です。**準備はいくらしても、しすぎるということはありません。**

このような経験をもとに、最近では逆に、私がアドバイスをすることもあります。たとえば英国のエコノミスト誌の記事を読み、英語でディスカッションするという若い人たちの自主会合に招かれた時のこと。最初の30分ほど皆が議論するのを見てから、その場で具体例を使いながらコメントし、議論のコツを説明したり、実際に記事の一つを使ったりして、私がモデレーターをやってみるなどしました。

いろいろ書いていますが、そうはいってもなかなかうまくいかないこともあります。

2018年4月にやった日本・スウェーデン・ビジネスサミットでは主要パネル2つのモデレーターをしました。パネリストは日本とスウェーデンが半々、ビジネスパーソンがほとんどだったのですが、最初にやったパネルはここに書いたようにそれぞれのコメントが短め、お互いにいろいろ意見が出てとてもエキサイティングな議論ができました。

こういう時はパネリストも私もやった！　という感じで充実感があったのですが、午後最後のまとめのパネルは散々でした。それまで3つの分科会が並行して開かれていたので、それぞれの分科会のモデレーターにそのレポートをしていただいた後、パネリストにコメントをしていただくという段取りだったのですが、時間が限られていたし、盛りだくさんだしでかなり迷走してしまいました。

まったくレポートに関係ないコメント、パネリスト間でのアイデアのキャッチボールもなく、何しろ時間通りに終わらなくてはと焦るばかりでした。1日のうちにこうした天国と地獄のような経験をすることもあります。この時はパネリストにお礼を言い、さっとその場を退出しました。

場数を踏めば誰でもできるようになる

「石倉洋子のグローバルゼミ」でも、当初はグループに分かれた議論やそのレポートバックが間延びしたり、まとまらなかったりと苦労したのですが、コツを説明し、役割を決め、何度か実践したところ、見違えるようになったという経験もあります。

モデレーターに限らず、有意義なディスカッションをするためには、自分の意見をしっかり持つこと、意見はどういう位置づけか（たとえば、前述のエコノミスト誌の会合の場合は、記事の意見に賛成・反対、その場で出たほかの人の意見の追加・反対、新しい視点の提供など）をまず述べて、自分の意見を簡潔にわかりやすい言葉で説明することを何度も練習すればよいのです。

つまり、**意見を「時の流れ」の中でとらえる、「全体像」の中でとらえる、組み合わせから新しいアイデアを意識して見つけていく**、ということが大事なのです。

誰でも最初からうまくいくわけではないし、毎回うまくいくわけでもありませんが、場数を踏み、実践の頻度を増やせば、誰でもできるようになります。

私はモデレーターをすることが多く、大きな仕事の依頼を受けることもありますが、いつもうまくいくわけではありません。あるアジアの会議では、「プログラムにあったパネルの趣旨と今までの議論は違うが、どうなっているのか」という厳しいコメントをされたこともあります。

それでもめげずに、「毎回ホームランは打てなくても、ヒットの確率は上げたい、見逃し三振は避ける」という姿勢で、何しろ数多く試してみることが大切だと考えています。

13 自分しか語れないことは何か？

——プレゼンテーション必勝法・その1

プレゼンテーションの重要性はあらゆるところで説かれています。人前で話す機会が多い人、たとえば企業のトップ、広告やPRの担当者、マーケティングやセールスのスタッフはもちろんのこと、他部門の人でも必ずプレゼンテーションが必要になっています。

「Reader」と揶揄される日本企業トップのプレゼン

最近はいろいろな活動がプロジェクト形式で行われることが多いため、プレゼンテーションがとても大事であることに異論を唱える人はいないでしょう。

熱狂的なファンがいつも心待ちにしていたスティーブ・ジョブズの素晴らしいプレゼンテーションや、スーパー・プレゼンテーションとして一躍有名になったTEDをはじめとして、どうしたら印象に残るプレゼンテーションができるか、そのコツなどを紹介したハウツー本や動画はあふれています。

この波は小学校などにも及んでいるらしく、日本全国どこでもプレゼンテーションが大流行ともいえそうな状況です。

その背景には、発表会や各種イベントで「書いたもの」を読むことが多く、RとLの発音を区別できない日本人を揶揄《やゆ》して「Reader」ともいわれる日本企業のトップが多いこと、また最近はアジアのリーダーも世界的な場で印象的なプレゼンテーションをするのに、日本人のプレゼンテーションはいかにもつまらない内容で、これではグローバル化に乗り遅れてしまう、という危機感があるようです。

気後れしてプレゼンの練習がなかなかできない

一方、プレゼンテーションが大切なことはわかるけれど、どうしても自分は好きになれない、気後れしたり緊張しすぎたりしてなかなかうまくできない、タレントのような華やかなプレゼンテーションはとてもする気にならない、などと思っている方も多いのではないでしょうか。

また、プレゼンテーションは生まれつきの才能だ、うまい人は子どもの時から上手、自然にできるもの、だからそういう才能がない自分は無理、と思い込んでいる人もいるかもしれません。

苦手意識が働くので、グループでディスカッションや作業をしても、プレゼンテーションをほかの人に任せて、自分は避けてしまうという人も多いようです。

たとえば私が5年以上、毎月やっていた「ダボスの経験を東京で」（コラム3参照）では、7つか8つある小グループごとにディスカッション・リーダーとレポートバックが必要なので、多くの人にこの役割を経験してもらうことができます。しかし、グループの中には譲り合ってなかなかレポートする人がいない、ということもあります。

リスクがないこうした場で試してみることが、プレゼンテーションの練習に最適と思うのですが、そう思って試してみる人はごく少数のようです。

誰にでも怖いことはある

「日本人はプレゼンテーションが苦手だけれど、米国人なら誰でもプレゼンテーションは大好きで得意だろう」。そんなふうに思い込んでしまいがちですが、実は米国人でも、人前で話すことが一番恐ろしいことだというニュースを聞いたことがあります（調査結果もあるようです）。

実際、「コンシューマー・エレクトロニクス・ショー（CES）」という毎年行われる大きなエレクトロニクスのショーで、ハリウッドの有名な監督が新商品の紹介に詰まってしまい、結局スピーチをやめてしまったということが話題になっていました。

私自身、米国に留学していた時のスピーチのクラスで、丸暗記していたはずなのにあがってしまって言葉が出なくなり、メモを見た経験があります。その後、言葉が出なくなったという経験はあまりないですが、プレゼンテーションで最後に言うべき一番のメッセージを忘れてしまったり。人の名前や詳細の数字を忘れてしまったりすることは今でもかなりあります。

　また、私にはほとんど経験のない官僚の偉い人の朝食会に招かれて、いつになく緊張してしまい、話はしたけれど支離滅裂だったということがあります。

　いまだにうまくいかないこともありますが、場数を踏み、修羅場をくぐるにつれ、怖いけど、何とかする！　という自信はついてきます。

プレゼンテーションは「あなた」のもの

　プレゼンテーションを良いものにするためのヒントとして、聴衆をよく知ること、印象に残るメッセージやストーリーを語ること、聴衆と関連づけることが必要だなど、いろいろ提案されています。

　それはもっともだと思うのですが、私が一番言いたいのは、プレゼンテーションは「あなた」のものである、ということです。

　つまり、誰にでも合う「最高のプレゼンテーション」というものは存在しないのです。**プレゼンテーションは、その場、その時、聴衆、そしてプレゼンテーションをするあなたという一度限りの「組み合わせ」によるものです。その中で最も大切なのは、「あなた」なのです。**

あなただけが知っていること、あなたの経験やストーリーを語ること、それもあなたの一番やりやすいスタイルですることが一番だと思うのです。

スティーブ・ジョブズのプレゼンテーションが優れているからといって、あなたがそれをただマネしても、借りてきた猫のようになってしまいます。ジョークを言ったり、笑いをとれたりする「さすが」というプレゼンテーションができる人のようにやろうと思っても、あなたがいつもジョークを言う人でなく、どちらかというとユーモアが得意でないのなら、自分らしくなく、板につかないことになってしまいます。

エネルギーやパッションが伝わるような話し方

プレゼンテーションを考える場合、どんな場なのか、どんな内容を期待されているのか、ほかに誰がプレゼンテーションをするのか、などを考え、十分に分析した後で、「自分らしい、自分しかできないユニークなメッセージは何か」を考えます。

ただし、「自分らしい、ユニークな」といっても、誰も興味を持たない内輪の話であれば、プレゼンテーションをする必要はありません。自分しか語れない話が聞いている人にどう関係するのか、をよく考え（これについては次節【その2】で紹介します）、何らかの意味を伝えるのです。

メッセージとともに、どんなストーリーを展開するかを考えます。その時に自分の経験や事例をちりばめると話が生き生きとしてきます。辛かったことを思い出して、感極まることもあるかもしれません。いかにもプロ！　という感じでなくてもよいと思うのです。

どんなスタイルでするかにも「自分らしさ」が大切だと私は思います。自分の話をしている時、自分が興味を持っていること、情熱を傾けていることを話している時、人は誰でもとても目が輝いていて生き生きしています。聞いている側にも、話し手のエネルギーやパッションが伝わってきます。

自分らしいストーリーを自分らしいスタイルで語る。そして、聞いている人が何か考えたり、感じたりするメッセージを残す。これができればプレゼンテーションは成功だと思います。

形や見せ方にこだわらず、自分らしいメッセージを自分らしく伝えるところから始めてはいかがでしょう。「私だけ」が知っていること、自分自身の経験を話せば、ほかの人がマネすることができない、世界でただ一つのスピーチになります。

14 聞いている人の「自分ごと」にする

——プレゼンテーション必勝法・その2

前節では、自分しかできないプレゼンテーションを自分らしいスタイルで、そして、内容と聞いている人との関係を明らかにすることが大切と述べました。

ただし、あなたしか知らないストーリーをあなたらしいスタイルで語っても、それが聞いている人に関係のないことで、「この人は何を言っているのだろう？」「私とは関係ない話だ」となってしまったのでは、プレゼンテーションはうまくいきません。

「自分にも関係ある」と思ってもらうためのコツ

では、聞いている人に「自分にも関係あるなあ」と思ってもらうためには、何をすればよいでしょうか。

コツは次の3つです。

- 思いがけない問いかけをする

- 意見や見解の違いを促すような設定をする
- 聞いている人の「自分ごと」にする

そして、プレゼンテーションで伝えたいメッセージについて、一人ひとりが「自分の立場で考え、何らかの新しい行動に結びつくようにする」こと、「自分もできるという気分になってもらう」ことが大切です。

私は数百名規模の会場での講演以外は、聞いている人への質問から始めることがよくあります。たとえばここ数年、求められることが多い「グローバル」「イノベーション」「リーダーシップ」に関係するテーマの場合。冒頭で、「グローバルリーダーというと、どんな人を思い浮かべますか？」という質問をしたり、「グローバル市場で成功している企業はどこですか？」「イノベーティブな会社とは？」「ダイバーシティというと？」などと問いかけたりします。

この種の質問はテーマに関連しているので「思いがけない問いかけ」というわけではありませんが、講演に来られる方は、「聞きに来る」という姿勢でいることが多いので、自分が何か言わなくてはならないとは予想していません。そこで、テーマに関係ある質問をするわけです。

自分も参加しているという意識を持ってもらう

「グローバルリーダーは？」と質問してもなかなか答えが出てこないこともあり、また具体的な人名でなく、「ビジョンがある」など要件を説明する人もいますが、返答が得られなくてもじっと待ちます。

「グローバルリーダー、グローバル戦略についての講演に来られたのだから、何か考えたことはありませんか？」などと言って時間を稼ぎながら、演台から離れて参加者の間を歩きつつ、何人か指名することもあります。ただ聞いているのではない、自分も参加しているのだ、という意識を持ってもらうためです。

具体的な名前のリストが挙がったところで、「共通点は何か？」「どんなことをしてきた人か？」「リストから気がつくことは？（たとえば政治家が多い、日本人が少ない、昔の人が多いなど）」と質問を続けていきます。

この方法は、最初から聞いている人を巻き込む（いわゆる「エンゲージ」する）ことができるのですが、どんな返答があるかわからない、挙げられた名前を私が知らないなどのリスクもあります。後者については、「どんな人？」と聞けばそれですみます（最近は若い世代にこの問いかけをすると、知らない名前が挙がることが多いので、その機会を活用して、私も知識を増やしてしまいます！）。

質疑応答を繰り返す方法はエキサイティング

何が出てくるかわからないのは、リスクというより、インタラクティブな方法の醍醐味であり、メリットだと思います。

今でも、かなり前に現役高校生の予備校で講演をした時のことを思い出します。「グローバル」が流行になってきた頃で、それと大学に行くとどんなことができるのかをからめた話をしてほしいというリクエストだったので、まず高校生たちに「グローバルってどんなこと？」と聞きました。

いろいろな答えが出てきたのですが、中に「つながること」と言った人がいました。これはインターネットが普及する前のことで、「インターコネクテッド」という概念が一般にいわれるよりずっと前のことだったので、とても印象に残っています（「『つながる』のが『グローバル』、それはすごい！」というようなコメントをしたことを覚えています）。

質疑応答を繰り返すアプローチは、いつ指名されるかわからない参加者にとっても緊張感が生まれ、私もその場でよく聞き、よく考えなくてはならないので、とてもエキサイティングです。

もう一つ私がよく用いるのは、サンガレン・シンポジウムの節（11節）でも触れましたが、ある命題について肯定と否定に分けて、それぞれの立場で意見やポジションを主張してもらう方法です。

仮定の状況をつくり出し、「どう対応するか？」と問いかける。あるいは、「〇〇地域に生産工場を建設すべきか」というような企業の課題に対して、肯定側と否定側に分かれて意見を出し合ってもらい、検討すべき項目をもれなくカバーしようとする、といった活用法もあります。

あえて役割を設定したほうが議論が活発になりやすい

仮定の状況としては、そのほか「〇〇という会社が後継者を探していると言ってヘッドハンターから電話がかかってきました。話を聞きますか？　聞きませんか？」というもの。あるいは、「今クレームで問題になっている○○会社。あなたが社長だったら、もしくはその対応をするために雇われたコンサルタントだったら、どうしますか？」と問いかけをすることもあります。

企業のリーダー候補が対象の場合なら、「本社を日本に置き続けるべきですか？」と質問したり。プロフェッショナルな仕事をしている人々の場合なら、「今から5年後、あなたの仕事はあると思いますか？」という問いかけをしたりして、2つのグループに分かれて議論してもらうこともあります。

このやり方は、参加者に「自分ごと」として考えてもらう、いろいろな見解があることを知ってもらう、どんな違いから逆の結論になるのかを解明することができる、などの点で有効です。

日本では、自分の意見やポジションを明確に示すことをためらう気持ちが強いので、あえて役割を設定してしまうわけです。ある役割にもとづいて見解やポジションを主張するので、自分の本当の意見ではないという言い訳ができ、その意見の正当性を主張することにエネルギーを使えるという利点があります。

また終わった後、debriefing（振り返り）をすると、それまではあまり考えていなかった意見も一考の価値がある、自分の思い込みだけで判断しないといった新しい発見がある、などと、見方が広がることも多いのです。

この方法は、ある企業の事業戦略を考える際、「一番手ごわいと思われる競合企業の経営企画担当者だったらどうするか？」というロールプレイにも用いることができます。

自分の中に新しい引き出しをつくり、新しいものを入れる

膨大な情報がインターネットから得られる今、プレゼンテーションは多くの場合、思い込みや前提条件のまずさに自ら気づき、新しい視点から考えるための仕掛けに利用するといいのではないでしょうか。

終了後、自分がこれまで当たり前と考えていたことに疑問を持ち、もっと違う見方も検討しよう、新たな情報源を求めよう、という気になってもらい、そのための行動を明日から起こしてもらうことが大事なのです。

難しいことを説明するためのテクニックを磨くのがプレゼンテーションの目的ではありません。それぞれが自分の引き出しの中を見て、新たな引き出しをつくろう、新

たなものを入れようという気になってもらうことが目的だと私は思います。

皆さんもプレゼンテーションをする時、こうした観点から考えてみてはいかがでしょうか。

15 予行演習とフォローアップを忘れない
――プレゼンテーション必勝法・その3

【その1】では「最高のプレゼンテーションとは、自分しか語れないストーリーを、自分のスタイルで語ること」、【その2】では「そうはいっても、聞いている人を巻き込む努力をしないと、聞く耳を持ってもらえないこと」を紹介しました。

ここまでは皆さんに「何となくわかった！」と思っていただけたかもしれませんが、実際に自分でやろうとすると「手をつけられない」「どこから始めてよいかわからない」と途方にくれることがあるかもしれません。

いざ、まとめようとして途方にくれてしまった私自身の経験

私も経営コンサルティング会社にいた頃、大勢を前にしたプレゼンテーションではありませんでしたが、初めて担当したプロジェクトの中間報告を一人で担当役員に説明する時に、似たような経験をしました。

それまでにまとめ方、メッセージの出し方、ロジカルなストーリーとして説明する方法など、いろいろ教えてもらっていたのですが、自分でやるとなると、調べてきたことをどうメッセージにまとめたらよいか、どんなストーリーで語ればよいか途方にくれてしまい、切羽詰まってプロジェクトのマネジャーに助けを求めたことがあります。

自分がやったことなのにどう伝えればよいかわからず、メッセージはおぼろげながらあるものの、それを支える材料がまとまらず、準備した分析や定性的なコメントがバラバラで〝空気中に浮いているような感じ〟を味わった経験は、今でもはっきり覚えています。私のそんな状況を知ったマネジャーが手取り足取り教えてくれ、初めての中間報告は何とか終えることができました。

誰に何を伝える？　最初にプレゼンの「背景」を知る

プレゼンテーションでも同様なことがよく起こります。ここでは、2014年7月下旬にサントリーホールの小ホール（東京・赤坂）で開催された日経BP社のBizCOLLEGE イベントで私が行ったプレゼンテーションを例に、どのようにメッセージを探し、そこに到達するまでのストーリー、そしてそれをビジュアルに示す写真などをどのように作成していったかをご紹介します。

最初に行ったのは、セミナー全体の目的と位置づけ、プログラム、ほかのスピーカー、そして予想される参加者を確認することでした。主催者である日経BP社がこのイベントで何を目指しているのか、全体として誰に何を伝えたいのかを知ることが、自分のプレゼンテーションの「背景」として重要だからです。

このイベントは、若手ビジネスパーソンの学びサイトであるBizCOLLEGE のリニューアルを記念して開かれたものでした。テーマは「『つながる』未来の創り方」。そして「知る」「自ら動く」「分かち合う」が、新しい働き方、社会との関わり方などを説明するキーワードとして掲げられていました。

スピーカーは3人、最初の「社会を知る」がクラウドファンディング「READYFOR」創業者の米良《めら》はるかさん、次が「自ら動く、そして世界へ」の私、3番目は「夢を分かち合う」のアクセルスペースCEO中村友哉さん。そして、最後が「新しい価値の創造」というテーマで、田原総一朗さんとオイシックス（現在はオイシックス・ラ・大地）創業者・高島宏平さんの対談というプログラムでした。

全体のストーリーを2ページ程度のレジメにまとめる

私の役割は、ここ数年はやりの「グローバル化」について、中でも「世界を目指し、世界で活躍するには何が必要か」を若手ビジネスパーソンに紹介することでした。

ほかのスピーカーと比較して、私は年齢が高かったし、ビジネスの最前線ではなく、最近は大学や国際会議の経験が主だったので、「何を」「どう」伝えればよいのだろうと担当者にも相談しました。その数カ月前にTEDxTokyoで自分のプライベートなストーリーを話したこともあり、担当者からは「個人的な経験を含めて話してほしい」と言われました。

そして次のステップで、全体のストーリーを2ページ程度にまとめたアウトライン

（レジメ）をつくります（ドラフトの作成）。プレゼンテーションをする時はいつも同様のレジメを作成しています。

レジメは、**セミナーの背景や狙い、私に期待されている役割、ほかのスピーカーとは違う「私しか」語ることのできない経験や事例などを考え合わせながら、一番伝えたいこと（メッセージ）とそこに至るまでの流れをアウトラインの形で書いてみる**のです。

実際は、原稿を書く時と同様に、助走としてアタマから書いていくことが多いのですが（後でほとんどはカットしてしまいます）、言いたいことがはっきりしている場合は、最後の結論から書くこともあります。集中しないと流れを考えることができないので、まとまって数時間使うことになります。もちろん何度も流れを見直して順序を変更します。

最近のセミナーやシンポジウムでは前もって配布資料を送らなくてはならないことが多いので、その締め切りを活用します（私は本来怠け者なので、締め切りがないと仕事が進まないし、一方、土壇場になるとあわててしまって考えがまとまらないので、期限があるのは便利なのです）。まずレジメを完成させて期限前に送ってしまい、催促される事態を避けます（催促されるのはとても嫌いなのです！）。

ここまでのステップは一度にまとめて行うのではなく、多くの場合、何度かに分けて実施します。背景や狙い、私の役割を担当者に聞いたり、ほかのスピーカーのことをざっと調べたりしていく中で、大体の構想は決まりますが、細かい点をあれこれ考えていると、あれも入れよう、これも入れようというアイデアが出てきてしまうことがあります。

これは、必ずしも悪いことではないのですが、時間通りに終えること、初めて聞いた人にわかりやすいメッセージやストーリーにすることが大切なので、しばらくそのままアイデアとして寝かせておいて、ほかの仕事をします。

リフレッシュしたところで、要するに私が一番伝えたいことは何なのか、それをどのような流れ、形で説明したらよいのか、を逆から考えます。**木の幹になる部分とそれを支える枝の構成につくりかえる**わけです。そのプロセスの中で、アイデアや事例を足したり引いたりします。この活動は crystallize（次第に具体化する）という言い方をしますが、少なくとも1時間以上まとまった時間が必要です。

写真などビジュアルが中心、日頃から撮りためておく

私のプレゼンテーションは最近、ほとんどが写真などのビジュアルを使った構成になっています。レジメができれば、それに合った写真を探す作業に取りかかります。今回は最初のパートで自分の経験を語ることにしましたので、中学・高校の時、初めて留学した時、そしてボストンや最近の国際会議での写真なども使いました。TEDxTokyoの時に古いアルバムの銀塩写真をｉＰｈｏｎｅで撮ってスライドにする方法を知ったので、アルバムから何枚か候補を選んでみました。

また、今回はレジメをイベント事務局に送ってから、数週間カナダに行っていたので、言いたいメッセージにピッタリのバナー（旗や横断幕）やポスターを見つけては、何枚か自分で写真に撮って使いました。

たとえば、「自ら動く」というテーマに合わせて、“See it! Hear it!”（自分の目で見る！　耳で聞く！）というバナーや、“Better than you were yesterday”（昨日の自分より良くなっているか？）という、カナダのウィスラーにあるスポーツセンターで見つけたポスターなどです（ちなみに“Are you better than you were yesterday?”というのを、私は自分のモットーにしています）。

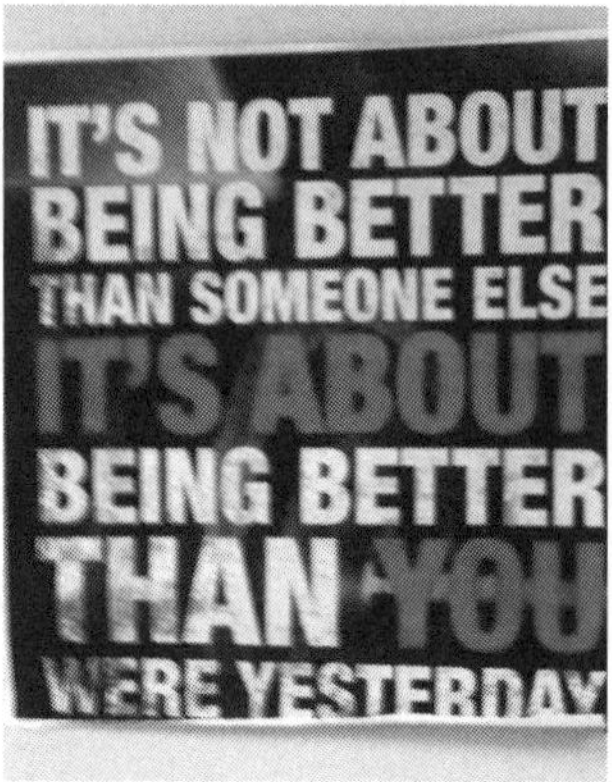

カナダのウィスラーのスポーツセンターにあったポスター

最近は、スマートフォンでも良い写真を撮ることができるので、「おもしろいなあ」と思う光景に出合ったら、プレゼンテーションに使うかどうかは関係なく、写真に撮っておき、こうして自分で撮りためた写真でスライドを作成することが多くなっています。

ｉＳｔｏｃｋなどロイヤリティフリーの写真を購入できるサイトも使って、言いたいメッセージに合った写真を探すこともあります。今回は30分のプレゼンテーションで46枚の写真を使い、これはちょっと数が多すぎたのですが、そのうち自分で作成したものが30枚ほどでした。

写真などのビジュアルを選んでいく作業はとても楽しいもので、時間を忘れてしまいます。ビジュアル中心のプレゼンテーションをするようになったのは、慶應メディアデザインに移った２０１１年頃からなので、ここ8年くらいのことだと思います。

見ている人へのインパクトが大きいようですし、自分の作業も楽しいので、最近はこのスタイルがほとんどです。

これだけプレゼンテーションの重要性が強調され、ソフトも手に入るようになっているので、いまだにテキストばかりのスライドを見せて、それを読むというプレゼンテーションをする人はもういないだろうと思い込んでいたのですが、いまだにテキストだけ、プレゼンテーションはそれを読むだけで、躍動感がまったくないプレゼンテーションを最近見たのには驚いてしまいました。

聞いている人に言いたいメッセージをはっきり伝える、それを伝えるためのストーリーを語ることがプレゼンテーションの基本なので、学生時代から伝え方を訓練する必要があると思いました。

自信を持てるようになるまで繰り返し練習する

私は、ストーリーやビジュアルなどプレゼンテーションの大まかな構成を決めていく途中で、周囲の人たち（講演の対象に近い人たちがよい。BizCOLLEGE イベントの場合は若いビジネスパーソンなど）の意見を聞いたり、助けてもらったりします。

イラストや写真などビジュアルのつくり方やビデオの選び方、音楽の作成処理など、得意とする人たちとネットワークをつくっているので、こういうことをやりたいが、どうしたらいいか、と相談して助けてもらいます。

こうした作業は若い人のほうがずっと得意で、作業も早いので、その力を借りるわけです。かなり早い段階でまだ構成が固まっていない時でも、こうした人たちの前で、ビジュアルを含めて練習し、コメントをもらいながら、ストーリーを練り上げていきます。

次は、プレゼンテーションの練習と確認ですが、写真の順番を何度も入れ替えたり、追加したり削除したりしながら、時間内に終わるか、流れはよいか、などをチェックしていきます。この作業はきりがないので、凝りだすといくらでも時間をかけてしまうことになりますが、何度も実際にスライドを送りながら練習することが不可欠です。最近ではスマートフォンで簡単に動画も撮れるので、動画を「自撮り」して、自分一人でも練習できます。

何度も練習するうちに、「これだけ練習したのだから」と自信を持ってできるようになります。私は**自分なりに「十分練習した」と自覚できれば、気持ちの余裕ができ**

プレゼンテーションの準備ステップ

Step 1　主催者からの情報収集

セミナー全体の目的と位置づけ、プログラム、ほかのスピーカー、予想される参加者（聴衆）を、主催者に確認する。

Step 2　資料集め

ネットから関連資料を探す、自分で過去に書いたものから探す。

Step 3　ストーリー作成

全体のストーリーを2ページ程度にまとめたアウトライン（レジメ）をつくる（ドラフトの作成）。聴衆に合わせること、ほかのスピーカーとの違い（ユニークさ）に留意。

Step 4　スライド準備

写真などビジュアル素材（スライド素材）の準備。普段から自分でも撮りためておくと便利。

Step 5　フィードバックを経てスライド完成

講演の聴衆に近い知人・友人からストーリーや素材についてコメントをもらいつつ、プレゼンスライドを仕上げる。
必要に応じてビジュアル素材（動画など）の作成を手伝ってもらう。予行演習にもつきあってもらう。

Step 6　予行演習

完成したプレゼンスライドを使いながら、自分で何度も練習を繰り返す。スマートフォンの動画「自撮り」も活用。時間の枠に収まるかにも留意。

て、**自分らしいスタイルでストーリーを語ることができる**ので、そのレベルまでは必ず練習します。逆に言えば、練習が足りなかったとか、流れがおかしいと思ったままプレゼンテーションに臨むとうまくできないものです。

BizCOLLEGE イベントの時もかなり練習し、メッセージも流れも納得していたのですが、それでも実際にプレゼンテーションをするとなると予想しなかったことが起こります。この時は、メッセージは伝えたのですが、前半に時間をかけすぎてしまい、「若い人がうらやましい、こんな素晴らしい時代に生まれて」と、自分の立場を意識したコメントをするのを忘れてしまいました。いくら練習しても、いくら経験があっても、実際にはあがってしまうものです！

フォローアップを忘れない

国際的な場に限らず、会議でのパネリストやモデレーター、また講演・プレゼンテーションや対談、インタビュー、参加者としての質問などいろいろな経験をすることも大事ですが、重要なのは、その後どのようなフォローをするか、どんなことを学ぶかだと私は思います。

セミナーでの講演やパネリスト、モデレーターなどの場合は、その場でのアンケートの結果や、最近ではいろいろなブログに、反応がすぐに、そして広い範囲から表れます。それをよく見てみると、いろいろな意見がありますが、自分でも納得するコメントなどが見られることが、ことのほか多いものです。意外な意見や、こういうふうに見られたのか、と驚くこともあります。

また、こうした周囲からの反応とともに、自らが感じた印象も重要です。聞いている人たちの反応も良く、質疑応答などもエキサイティングでその場にエネルギーが感じられ、充実していたと思う時もあれば、何となくうまくいかなかった、しっくりこなかった、明らかに期待にこたえられず大失敗だったと感じる時もあります。

そのような場合は、自分なりに原因を考えたり、ビデオがある場合はそれを見たり、アンケートの結果をレビューしたりします。何となくしっくりこなかった、という感じをそのままにしておくと、心の中で活動が「終わらない」ので、引きずってしまうからです。

私がときどき使う方法は、レビューして、二度とこうしたことはしないでおこうと心に決めて、次の早い機会に改善したやり方を実践することです。そうすれば、いやな思いを引きずることがないばかりか、失敗を次の成功へのステップにすることができるのです。

自分に「期待」されていることを知る

もうひとつ最近ＩＴ関連で３日間連続して開かれた大きなシンポジウム最終日に基調講演をした時の事例をご紹介しましょう。基本的にはセミナー全体の目的と位置づけ、プログラム、１日目、２日目の基調講演をされるスピーカー、参加者のプロフィール（この場合はＣＩＯがほとんど）や人数などを確認するのは同じです。

基調講演のほかに並行して行われる事例発表が多数あったのですが、それはＩＴ関連の個別分野のことがほとんどなので、私より前に基調講演をされるお二人についてだけ、大体の情報を集めました。お一人はＩＴを駆使する企業のトップ、もう一人はＩＴインフラを提供する企業のトップでした。

そして、私に期待されていたのは、気候変動、地政学的変化、格差の拡大など地球規模の課題が山積し、テクノロジーが加速化する中で、企業、特に日本企業が直面する課題は何か、競争力の基盤は何か、ビジネス・エコシステムのデザイン、人材育成やリーダーシップなどについて、概要を説明することでした。

このシンポジウムでは実際のイベント以前に公開できる資料をシンポジウムのサイトにポスト、参加者が６００名弱と多いので、通常は準備して参加者に配布していただく数ページのレジメはなしということでした。公開資料はちょっと苦労したのですが、通常レジメに入れるようなアウトラインに一般に得られるデータなどをいれたものを準備しました。

データはなるべく新しいものを使いたいので、直前に発表された競争力調査などを加えて（そのため英語のままになってしまい、字が小さくて見にくかったというフィードバックをいただき、その後すぐやったワークショップでは早速修正しましたが）なるべく「今」の数字をお見せしようとしました。

それ以外はほかのプレゼンテーションと同様に、刻々と変わる世界の政治情勢などに合わせて写真を組み合わせたり、ストーリーの流れをチェックしたりという作業をしました。

時間が1時間だったので、絶対に時間オーバーしないように（私はこれは鉄則だと思います）、スライドの時間配分を考え、大きな会場だったので質疑応答はなしという主催者の方針にそって、時計を見ながら予定時間で講演を終えました。皆さん熱心に聞いていただいたようでしたし、午前の最後のセッションだったので、時間通りに終えることに留意しました。

講演は自分がスピーカーの時はかなり興奮してやっているので、まったく疲れを感じないで、エネルギーがたくさん出るのですが、この時は私自身3日連続でいろいろなセミナーがあった最後の日だったので、さすがに終わってしばらくたってからどっと疲れが出ました。初めてやらせていただいたクライアント、それも大きなシンポジウムだったので無事終わってほっとしたというのが正直なところです。

データの字が小さいくらいで、特に自分で気になる点はなかったので、お世話になったスタッフの方々にはその日すぐお礼のメールを出し、一応終了（翌日は朝早くから別の企業の工場訪問が予定されていたのです）。

これだけ大きなシンポジウムですと、スタッフも数週間はとても忙しいはずなので、お礼のメールをしておけば、後は落ち着いた時点でコメントがいただけるだろうと考えていました。

その数日後、スタッフの方からは好評だったというメールをいただき、ちょっと安心し、その後数週間して、アンケートの結果をいただきました。こちらも総じて好評だったし、自由回答でもとても参考になるコメントが多くて、大きな仕事をやらせていただいた甲斐があったと思いました。

以上でプレゼンテーションの実際を少しはわかっていただけたでしょうか。今度はあなたの番です。機会があったら必ずプレゼンテーションの経験を積んでみてください。やればやるほどうまくなっていきますから。

〔＊1〕サンガレン・シンポジウム（St. Gallen Symposium）http://www.stgallen-symposium.org/

column 3

気軽に参加できる場として：「ダボスの経験を東京で」

数カ月のコミットメントが必要とされ、参加料金も個人で払うには比較的高い「石倉洋子のグローバルゼミ」とは別に、もっと気軽に参加できる場をもう一つ設けようと考えて始めたのが、「ダボスの経験を東京で」シリーズです。

これは2013年の世界経済フォーラム・ダボス会議が終わったすぐ後から始めたシリーズで、毎月1回、金曜日の夜、その時にホットなトピックや会議で話題になったトピックなどを選んで、ウィルソン・ラーニングイノベーションセンターの協力のもと、開催しています。

「ダボスの経験を」という名前にしたのは、ダボス会議で一番参加して意義があり、おもしろいと感じるのは、「ブレーンストーミング」や「小グループでのディスカッション」であり、それを実践できる場をつくろうと考えたからです。

ダボスの醍醐味は、年齢や分野を問わず、出席している世界のリーダーと一緒に議論したり、アイデアを考えたりすることができる、という点なのです。

といっても、日本では「英語でディスカッションをする」というだけで「とてもできない」としり込みしてしまう人がまだ多いようです。5、6人くらいの少人数であれば、ゆっくり話すことも、わからなければ何度でも聞き返すこともできるし、発言が評価されるようなセミナーではないので、リスクがなく、誰でも自由に発言できます。また小グループがいくつもあるので、ディスカッションのリーダーやグループでの議論をまとめて全体にレポートする役目を多くの人が実践できます。

ある期間コミットしてしまうわけではないので、テーマに関心があり、その日来られそうなら、ウェブサイトから登録すればよいというスタイルです。2時間のセッション終了後にその場で行われるネットワーキング（アルコール、簡単なスナックなど）もあり、気軽に参加することができます。

参加累積人数は1300人を超えています。やり方もいろいろ工夫しており、ゲストを迎えての会、参加者のスキルアップをする会、企業と提携してその企業で行う会などバラエティも増えてきました。また初めから難しいテーマを英語でディスカッションするのだと取り組みにくいので、参加者に身近で自分のことだと思えるような問いかけをしたり、隣の人と話し合ったりという活動を加えています。

このシリーズには外国人も参加することが増えてきて、活動はさらに活発、エキサイティングなものになりつつあります。

最近では、「グローバルゼミ」の参加者が、ゼミ終了後に英語で議論する機会や仲間を求めて、「ダボスの経験を東京で」シリーズに参加するケースがあります。逆に「グローバルゼミ」にいきなり参加するのはハードルが高いのではと思った方が、手始めに「ダボスの経験を東京で」(http://dex.tokyo) シリーズに参加することもあって、相互の交流も増えてきています。

今後は、これらだけでなく、私が実施しているいろいろなシリーズやセミナー間の交流をさらに深めて、世界レベルで活動したい、世界の動きを知りたいという方々のネットワークを大きくして、一つの力にしたいと考えています。

２０１８年になって、「ダボスの経験を東京で」もかなり数を重ね、幾分マンネリになったし、私自身も幾分飽きたし、担当者も転職したこと、また「ダボス会議」も40年以上継続してきたので、今更「ダボス」でもないのではないか、という声もあり、5年前とは世界が様変わりしていることも考えて、7月末に開いた60回（たまたま60回だったのです）でこのシリーズはやめると宣言してしまいました。

そのあと、グローバルゼミや「ダボスの経験を東京で」シリーズの参加者に、新しい取り組みをしたいので手伝ってほしい、と声をかけたところ、十数人がミーティングに参加してくださいました。何度かブレーンストーミングを経て、9月末から始めたのが「SINCA―Sharing Innovative & Creative Action」シリーズです。まだ始めたばかりなので、試行錯誤中ですが、これまでも行ってきた企業提携セッションに加えて、起業家セッション、スキル・セッションなどを計画中ですし、新しいウェブサイトもほぼ完成しています（https://sinca.tokyo)。

これだけテクノロジーが進み世界が大きく変化する中、意見を持ち、それをシェアして、実践する経験を多くの「個人」に提供したいという目的で始めています。

第四章
まわりを巻き込む

16 他人の知恵を借りる
――アイデアを磨く秘策

最近海外において、私が試したり、興味を持ったりしていることについて話すと、「あれ?」と思うような反応が返ってきて、そこから新しいアイデアがひらめいた、といった経験を何度かしました。

一方、日本ではあまり自分のアイデアや計画を周囲に話さない習慣があるのかもしれません。身内や親しい人には話しても、あまり知らない人に話すのはおかしいと思われるのでしょうか。また話したとしても、「あ、そう」と聞き流されてコメントが返ってこなかったり、異論や反論はほとんど出てこなかったりした経験は誰でもあるでしょう。

「空気を読む」とよく言われますが、**かえって「空気を読まず」に自由に意見を言ったほうが、意外な発見があるの**ではないでしょうか。

自分のアイデアや計画を周囲に話す？　話さない？

２０１４年11月にドバイで開かれた世界経済フォーラムのグローバル・アジェンダ・サミットに行った時のことです。それまでも何度かサミットやTEDxTokyoなどで会い、ツイッターをフォローしたり、著書を読んだりしていたジョン・マエダ（John Maeda）氏と朝食の時に隣り合わせになりました。

ジョンは日系アメリカ人で、米マサチューセッツ工科大学（ＭＩＴ）のコンピューター・サイエンス修士、筑波大学大学院芸術学研究科博士で、デザイン、テクノロジー、リーダーシップなどの分野で著名な人です。

ロードアイランド・スクール・オブ・デザインの学長を経て、２０１３年からシリコンバレーにあるベンチャー・キャピタル、Kleiner Perkins Caufield & Byers のデザイン・パートナーとして活躍しています（ＴＥＤでは何度も講演していて、TEDxTokyo でもとても興味深いトークをしています〔＊１〕）。

「最近何しているの？」という会話から始まったのですが、私は「日本のように肩書きや所属組織が大切な社会で、どこまで組織に属さないでやっていけるか、今自分で実験しているところ。なぜなら、21世紀は個人が価値を持つ時代だと思うし、これまで若い人にそう言ってきたから。皆に言っていることを自分でも実践することにした」と話しました。

ネットワーク化された個人が、組織を超える時代

ところが、「個人が価値を持つ時代、個人でもやっていける時代」というのが、最初ジョンに伝わらなかったらしく、いろいろ聞かれました。「一人では孤立してしまうのではないか」とか、「一人で何でもできると思うということか」などと聞かれる中で、私の言いたいこと、考えていることを何とか伝えようと苦労して説明しました。

私は、「テクノロジーが進展する中で、誰でも肩書きや経歴などと関係なく、個人が世界に発信できる、どんな重要人物とでも直接コンタクトができる」、そして「個人でも志を同じくする人、同じ目標を持つ人となら、世界のどこででも協働ができる」ということを言いたかったのです。

特に「偉い人」に会おうとすると、いろいろ紹介が必要だったり、肩書きが必要だったりする日本社会（だけではありませんが）も変わるのではないか、と希望を込めて話しました（これは、いろいろ説明していく中で、自分でも次第にはっきりと意識

してきたことでした)。

ですから、「孤立する」「孤高を目指す」ということではまったくありませんでした。そんなことを言いながらいろいろ説明したところ、ジョンはとてもよく理解してくれて、以下のツイートをしてくれました。

Nov 10: "21st c is about transcending organizational isolation as the networked individual who spans many worlds." —@yokoishikura #wef #globalagenda

このツイートはいろいろな人にリツイートされて、私の世界が広がったように思えただけでなく、「なるほど、『21世紀は、多くの世界をまたにかけるネットワーク化された個人が、組織を超える時代』(ジョンのツイッター)というふうにいえるのか」という新しい発見もありました。

「クラウドソーシング」をめぐって

もう一つはドバイの空港に向かう車の中での会話です。初対面ですが、たまたま車が一緒になった南カリフォルニア大学の教授と、グローバル・アジェンダ・サミットの印象を話していた時のことです。

私は自分が所属している委員会「Future of Jobs（仕事の将来）」の活動を紹介し、「仕事自体の定義が変わること、クラウドソーシングが将来の方向性になることに確信を持った」と言ったところ、その教授は「クラウドソーシングには反対だ」ときっぱり述べました。

「なぜ？」と聞くと、「クラウドソーシングは、人を〝取り替え可能な機械〟のようなものと考えるから」と言うのです。

私は、仕事をプロジェクト・ベースのようにタスクに分けることができれば、子育て中の女性、障がい者、高齢者など、なんらかの制約があってフルタイムでは働けないけれどプロジェクトやタスクならば参加できる人がいる、技術やスキルのある人にとっては可能性が広がるという側面ばかり見ていました。

それで、この考え方には驚きましたが、「なるほど、こう考える人もいるのか」と思い、この会話がかなりの間、頭の中に残りました（今もまだ考えています）。

まずはボールを投げ、受け取ったらしっかりと返す

以上はごく最近の経験ですが、一方で私は、日本のセミナーや講演などでも、「クラウドソーシング」や「21世紀は個人の時代」といったことによく言及していることを思い出しました。ちょっと偏見があるかもしれませんが、日本でこうした話をしても、前述の二人のように、いろいろ聞いてきたり、反対意見を言ったりする人がほとんどないことに気づいたのです。

自分の思っていること、目指していることを「気楽」に人に説明すると、いろいろな意見や新しいアイデアが返ってきたり、意外なコメントが出されたりします。そうすると、自分自身でも何が言いたいのか、何を目指しているのかが、だんだんはっきりしてきます。自分一人で考えたり、内にこもったりしないで、まずは言ってみることが大事ではないでしょうか。

また、ある意見を聞いたら、それにきちんとコメントしたり、質問をしたりすることも同じように大切だと思います。アイデアのキャッチボールや組み合わせからどんどん進化していくので、最初にボールを投げなければ何も始まらないと思うのです。

自分で初球を投げてみることは、野球でなくても大切なことです。恐れていないで、まずは投げてみてはいかがでしょうか。そして、キャッチャーが良いとピッチャーも引き立つといわれるので、受けるほうもしっかり受け止めてあげることを心がけてみてはどうでしょうか。

17 成功か失敗ではない、何を学ぶか

——「フィードバックや評価」を次に活かす方法

海外での経験で、自分のアイデアを説明すると、いろいろな形でのコメントが戻ってくるけれど、日本ではあまりこうしたことが見られないようだ、と前節では説明しました。なぜ日本では気楽にアイデアを説明したり、フィードバックを求めたりしないのか？

その理由の一つに、ネガティブな意見やコメントが返ってきたらどうしよう、と恐れる気持ちや、ひどい評価やフィードバックが返ってきたら、続ける意欲がなくなってしまうということがあるのではないでしょうか。

フィードバックをもらった後に何をするか

意見を聞くと、自分のアイデアに対する厳しいフィードバックが返ってくることはもちろん考えられます。しかし、これでもうだめだ、失敗だ、と決めつけてしまう必要はありません。そのフィードバックや評価を活用して、より良いものにすることができるし、そして厳しいコメントにさらされながら、まわりを巻き込んでいくと、より大きな活動にできます。つまり成功か失敗かではなく、「何を学ぶか」、フィードバックをもらった後に何をするか、が重要なのです。

これはプロジェクトや新商品、自分の就職・転職活動などについても同様です。最近のように社会が刻々と変わる中では、プロトタイプを数多くつくって試しながらアイデアを磨いていくアプローチが有効です。完成してから市場に出す、完璧な活動計画をつくってから実行するよりも、周囲の意見や反応を聴きながら、より良いものにしていくやり方が時代にかなっているのです。

このアプローチを難しくしているのが、日本でときどき見られる「イメージや評価」の固定化や、ごく一部の人による評価の独り歩きです。

日本では一度評価が決まってしまうと、なかなかそこから逃れられないという傾向があります。これは「どの大学を出たか」で人生のほとんどが決まってしまうという「中身がどう変わろうと、瓶詰めのラベルがそのまま症候群」、あるいは「昔の名前で出ています症候群」ともいえます。

人生の早い段階（20代前半など）での評価がずっと尾を引く背景には、そもそも「変化」を認めないという考え方があると思われます。「前は神童、今普通の人」や、逆に子どもの頃は勉強についていけなくてもその後、素晴らしい業績を上げた人は多いわけですから、この考え方はかなりおかしいのですが、意外に根強く残っています。

また企業のように組織が一定期間固定されている場合、意見やフィードバックをする人がごく限られてしまう傾向も見られるようです。

他方、明確な目標を持ち、メンバーを集めて期間限定で活動するプロジェクト型組織であれば、プロジェクトごとに多様なメンバーと活動し、ある期間がたてばメンバーが変わるので、多くの人がいろいろな場面で評価することになります。そうすれば、決まった人の主観的基準で行われた評価が固定化してしまうことはありません。

自分に批判的な人、別の側面も見てくれる人をも巻き込んで活動を進め、アイデアを進化させていく、目標を達成することが大切なので、一見ネガティブなフィードバックや考え方のギャップを指摘してくれるコメントは大いに歓迎したらよいのです。

つまり評価のための評価ではなく、より良くする、より多くの人を巻き込む大きな動きにするために、説明もし、フィードバックをもらう。良いか悪いか、成功か失敗か、ではなく、どうすればより良くなるかを考えるためのフィードバックであり、キャッチボールなのです。

自分について「二つの違い」を考える

周囲にフィードバックをしてもらうだけでなく、自分でも一歩退いて、自分のアイデアやユニークさを評価してみることができます。自分で振り返ってみることで、より良いものをつくっていく、力やユニークさを伸ばすことができるのです。

その場合、学歴など過去の実績ではなく、今の時代における自分の位置づけや、ユニークな価値を考えることをおすすめします。

日本で社会人対象の大学院が始まった頃、自費で大学院に来る人の動機は、修士号を取ることよりも、「自分と年齢も近く、モチベーションが高いグループと一緒に、会社の仕事を離れた活動をする中で、自分の力を見きわめたい」というのが主なものでした。自己評価はとかく過大評価や過小評価になりがちなので、なるべく客観的に自分の力を見きわめることは、その後何をするかを決める上でも重要です。

最近は各種のセミナーやコミュニティがあり、自分の力を磨く機会は飛躍的に増えているわけですから、今いる組織だけに閉じこもらず、いろいろな機会を活用して他流試合をしてみたらいいと思います。今までの慣れ親しんだ組織やコミュニティの枠を越えて、広い世界で自分のユニークさを見きわめることが大切です。

自己評価において大事なのは、時間の流れの中で、また広い視点から客観的に今の自分の力や活動の評価をすることです。たとえば自分では力があると思っていても、周囲の進歩が速く、自分の相対的地位が下がっていることがあります。

この点を強調するために、私は「二つの違い」を意識するとよいと提案しています。「**ほかの人と比べて自分のユニークさは何なのか（ほかとの違い）**」「**昨日の私と比べてどう違うのか（自分自身の違い）**」という二つです。

「ほかとの違い」とは、世界が大きく変わる中での自分のポジションを見きわめ、「私は誰で、どこへ行こうとしているのか」を、独りよがりでなく、周囲の環境の中で、世界の動きを見きわめながらとらえることです。会議でも課題がどんどん新しくなるので、ほかの人と同じ意見しか言わないのであれば、参加する必要はありません。「自分自身の違い」は、学歴や資格に頼るのではなく、日々新しいことを学んだり、経験を積んだりしたことから自分はどう変わってきているか、を意識することです。

２０００年代初め、私は、ダボス会議などにおいて「アジア（日本）の女性ではっきり意見を言う」だけでユニークと思われていました。しかし、日本とアジア諸国の相対的な地位が変化したため、ユニークさがなくなったことに気がつき、新たな役割を求めて新たな力を持たなければと痛感したのです。その経験は、この二つの違いを意識することの大切さを教えてくれています。

18 当事者意識を持つ
――協働がうまくいく前提条件

当事者として考えるというと、何でも一人でやらなくてはならないのではないか、と思われるかもしれませんが、そうではありません。今や世界がつながって誰でもどこにいても同じような関心や目標を持つ人と協働することができます。自分の目指す活動にまわりを巻き込み、一人ひとりの力をつなげられれば、もっとエキサイティングなことができる可能性はどんどん開かれています。

そこで、ここでは、自分がチームや組織の一員になってより大きな目標や活動をする場合のヒントについて考えてみましょう。

すべての人に当事者意識が必要な理由

世界の変化はとても激しく、従来からの延長線では通用しません。これだけ複雑化し、変化のスピードが桁違いに速い今、世界各地で起こっていることを知り、判断し、意思決定することを一部の人に任せてしまうことや多くの人を巻き込むカリスマ的リーダーを期待することは不可能です。

つまり役職、年齢、肩書きなどとは関係なく、**すべての人が当事者意識を持ち、自分の問題として考え、ある目的のために協力することが不可欠な時代になっており、多くの人を巻き込んでいけば、誰でも成果を上げることができる**時代なのです。

当事者意識のことを英語では「own the problem, take the ownership of the problem（問題を自分のモノと考える）」と言います。これからの時代を生きていくためには、「ほかの誰かがやってくれる」という意識ではなく、「自分がやる」「これは自分の責任だ」という意識を皆が持って、自分のユニークさを活かし、目標に向かって力を尽くすことが期待されているのです。

責任を持つとは、具体的にどういうことでしょうか。ある組織全体の目標を決め、資源を用いてそれを実現すること、というと自分には関係ない、と思うかもしれませんが、会社やコミュニティのイベントでも同じことです。イベントの目標を決め、人や資金を手当てし、役割分担を決めて、成果を上げる。当初予想した通りに物事が進まず、計画を変更するなど難しい判断を迫られた時、決めることができるか、その結果の責任を取れるか、ということなのです。

皆さんの中には、おいしそうな仕事ばかり自分でとって手柄にしてしまい、問題があるとそれをほかのメンバーの責任に押しつける人に遭遇して、「やってられない」と思った経験を持つ人もいるのではありませんか？　逆に、メンバーそれぞれの得意技がうまく活用され、協力してさらに大きな力にした結果、想像以上の成果を上げて、自分でもびっくりした経験があるかもしれません。

いろいろな能力を持つ人を盛り立て、共有する目標を達成するための活動に巻き込むことが、誰にとっても必要なのです。

BOP市場は実験するのに最適な場

1960年代、日本企業が欧米市場に事業を展開していった頃は、若い社員が海外事務所に派遣されて、お金のことも含めてすべて自分でやらなければならないという話が当たり前でした。そうした経験は、人を巻き込んで成果を上げることにほかならないので、大きく成長し、リーダーとしての視点を持つようになります。

今このような機会はBOP（Base of the Pyramid）市場に多くあります。多くの日本企業が事業展開に苦労しているBOP市場でビジネスを立ち上げる経験は、土地勘のない地域で人を巻き込み、新しいやり方を試し、何とか成果を上げる良い機会になり、リーダーシップを実践する経験にもなります。

BOP市場などでは、それまで当たり前と思っていた日本での常識が通用しないことがよくあります。経験も知識も価値観も全然違う社会や人たちに触れることで、「今まで私がやってきたことは何だったのだろうか」と疑問を持ち、それが新しいアイデアのきっかけになるのです。

私が初めてドバイに行った時、ドバイはBOP市場ではありませんが、日本とはまったく違う価値観で社会が動いているので、どうして「ドバイはこういうやり方でハッピーなのだろう」と思ったことがあります。初めてエチオピアに行った時には、ヨーロッパにもあるような一流のホテルと毎日山に薪を拾いに行く人の姿を見て、その格差に愕然としました。

これだけ違う価値観を自ら体験すると、「違い」は「優劣」ではないと実感することができます。それぞれ「自分は何者か」「得意技は何か」を持つ多様な人を巻き込んで、ある目標を達成しようとする場合、こうした「違い」を「優劣」と混同しない姿勢、実際に遭遇した経験が役に立ちます。

19 人を組織に合わせるのでなく、組織を人に合わせる
――実践・ダイバーシティ

人を巻き込む際には、では、どんな人がよいのでしょうか？
意外に思うかもしれませんが、組織やプロジェクトの課題や背景について何も知らないメンバーのほうが、かえって力を発揮する可能性があります。

新メンバーの素朴な疑問を活用する

職場に新入社員が入ってきたり、これまでやってきたプロジェクトに新しいメンバーが入ってきたりした時、多くの人は「今度来た人たちは、何だ」とか「何か変」という違和感を持つことが多いようです。その場合、通常は新しい人にこれまでの活動や狙いを説明して理解してもらい、一日も早く職場環境に慣れて、戦力になってもらおうとします。

しかし、世界中で起こりつつある、「企業から消費者へ」という情報の流れが「消

費者から企業へ」という流れに変わっているように、既存のメンバーが情報ややり方を新しいメンバーに伝授するのではなく、新しいメンバーが感じた印象や解釈、その知識やスキルを活かしてみてはどうでしょうか。つまり、ゼロベースで考え、まったく新しいアプローチを試してみるのです。

新しいメンバーは過去の経緯をあまり知らないため、「そもそもこのプロジェクトでは何をしようとしているのか」と原点に返った疑問や問題意識を持つことが多いでしょう。そして、新しいメンバーは「今現在」の環境の中で仕事やプロジェクトをとらえるので、既存のメンバーでは実行が難しい「ゼロベースで考える」ことができるのです。

新しいメンバーの知識やスキルについても同様です。新しいメンバーが若い世代だった場合、IT関連の知識やスキルは若い人のほうが圧倒的に豊富であり、また実践経験も多いので、スピードが違います。こうした新しいスキルをどう活かすか、どのように仕事やプロジェクトに貢献してもらうか、と考えるわけです。

日本では長い間、年功がリーダー選定や発言権の基準になってきましたが、それをひっくり返すことによって、新しい命が仕事やプロジェクトに吹き込まれるようになるのです。

外部からも積極的なアイデアを募る――ANA「Blue Wing」プロジェクト

新しいメンバーによって、新しい命がプロジェクトに吹き込まれた例を紹介しましょう。私が東京・六本木のアカデミーヒルズでやっている「石倉洋子のグローバルゼミ」から生まれた、ANAの「Blue Wing」というプロジェクト〔＊2〕の事例です。

このプロジェクトは、企業が自社の資産を活用することによって社会的課題解決に貢献することができ、自社の地位や長期的な収益性にもつながるという「共有価値創造」（CSV: Creating Shared Value）の好例です。Blue Wing プログラムでは、社会起業を支援するNPO「アショカ」と協力し、5人の社会起業家を支援しています。

コラム2でもご紹介した通り、「グローバルゼミ」の1期生がこのコンセプトとアイデアを考え、それを進化させながら、4年間かけて会社を説得し、2014年春から実験的に試してみるところまで行きました。しかし当初、あまりうまく進まず、このままではこのコンセプトは打ち切りになってしまう恐れがありました。

そのような危機感から、私が「グローバルゼミ」と並行して毎月行っている「ダボスの経験を東京で」のセッションで、ＳＮＳで多くのサポートを集める具体的なアイデアを考える、というテーマを設定し、参加者が知恵を出し合いました。

いろいろ効果的なアイデアが生まれたのですが、プロジェクトのメンバーにとって意義があったのは、アイデアだけでなく、初めてこのプロジェクトを知った外部のメンバーの「エキサイトさ」であり、「高いエネルギーレベル」だったのです。

プロジェクトメンバーは、それまでボランティアとしてこのプロジェクトに参加し活動してきたのですが、企業内社会起業（家）の実行の難しさを感じて、いくらか疲弊しているところでした。そこに、それまでのプロジェクトメンバーにはない新しいスキルや知識を持つ人が、「ダボスの経験を東京で」をきっかけにこのプロジェクトのことを知り、プロジェクトに加わったのです。「志」を共有するばかりか、結果として、新しいアイデアが次々に提案されるようになりました。

「違い」を積極的に受け入れ「ダイバーシティ」を実践する

この事例は、当初はどれだけ斬新なプロジェクトであっても、時間がたつとマンネリ化し、当たり前のものになってしまうこと、数年後にまったく新しいメンバーがこのプロジェクトを〝再発見〟し、その目標を解釈して新しい命を吹き込んだこと、それが元からいたメンバーにも影響を与えたというものです。つまり、「**新しいメンバーに組織が適応した**」好例なのです。

今よくいわれている「ダイバーシティ（多様性）」の議論は、会社に新しいグループの人（女性、外国人、そして最近ではLGBT＝レズビアン、ゲイ、バイセクシュアル、トランスジェンダー）を入れた場合にも当てはまります。「ダイバーシティ」をテーマとして企業のワークショップをすると、「コンセプトとして重要なことはわかる。でも実際はかなり違和感があり、仕事がやりにくい」という本音が出てきます。

これは、「新しい人を組織に適応させよう」として、元からいるメンバーがかなり違和感を抱くということの表れだと思います。

さまざまな「違い」を尊重して積極的に受け入れるというダイバーシティを実践するためにも、組織のほうを新しい人に適応させる、それにより新たな組織やプロジェクトをつくり上げる、というアプローチを試してみてはいかがでしょうか。

20 言葉で人を動かす
――メンバーを奮い立たせるその一言

周囲を巻き込んで大きな活動をしようとする場合、力を持つものに「言葉」があります。アップルのスティーブ・ジョブズが当時ペプシコにいたジョン・スカリーをアップルにヘッドハントした時の殺し文句、「一生、砂糖水を売ることに費やしたいのか。アップルに来て、世界を変えないか？（Do you want to sell sugared water for the rest of your life, or do you want to come with me and change the world?)」はよく知られるところです。

尊敬する人にかけられた言葉によって、この人のためなら何でもしようという気になることがあるのです。

ポーター教授にかけられたちょっとした言葉

私自身にもそうした経験があります。ハーバード・ビジネス・スクール時代、指導教授であり、今も競争力その他で一緒に活動することの多いマイケル・ポーター教授には当時、数多くの博士課程の学生が指導を受けていました。博士論文は一大事業であって、社会科学分野では、博士課程の資格試験まで合格した人の半分しか修了しないというデータもあるほど難関です。

私は自信を失い、続けられるだろうかと暗い気持ちになったことが何度もありました。特にポーター教授は世界的に活躍しておられるので会ってフィードバックをいただく機会が少ないし、学生への要求度が高いので、その下で論文を書くのはエキサイティングであると同時に、悩みも大きかったのです。

ある日、私が自信を失っていることを察知されたらしく、「私はあなたが必ず論文を完成できると確信している。あなたの力を信頼している」と言われました。ちょっとした言葉だったのですが、長く寒い冬、来る日も来る日も論文と格闘していた私にとってはとても大きな言葉でした。「この人が私を信頼してくれているのだから、何とかそれにこたえなくてはならない」と深く感じたのです。

ポーター教授は、当時、実績を着々と上げ、戦略の分野で多様な研究を続ける新進気鋭の学者でしたが、このように言葉をかけていただいたことで、「この人のために私ができることは何でもしよう」という気になりました。

「ポーター教授に恥をかかせてはならない、私が研究している分野や日々調べていることで、教授の活動に関係がある、教授が知っていたほうがよいことは小さなことでも知らせて、知名度が上がってきたポーター教授が知らなかった、ということのないようにしよう、それはリーダーのために私ができることだ」。そう強く思ったことを記憶しています。

メンバーはリーダーを〝敵〟（というと大げさですが）から守る役割を持つことを実感したのです。


オバマ前大統領が発した、スタッフへの言葉

2012年にオバマ前大統領が再選された翌日、シカゴの選挙事務所でオバマ氏再選の活動をしてきた若手スタッフに対して、大統領は次のように述べました。

「今後皆さんはそれぞれの分野で素晴らしいことをするだろうと確信した。私たちが次の4年間ですることとは、皆さんが今後長い間に成し遂げることと比べると、小さなことだ。だからこの国には大きな希望がある（"I am absolutely confident that all of you will do amazing things, in your lives. . . . Whatever we do within the next four years will pale when compared with what you accomplish in the years to come . . . that has been the source of my hope. . . .”)」〔*3〕

この言葉も、その場にいた700人の一人ひとりと握手をしたという行動も、どれだけその場にいた若い人の人生に大きなインパクトがあったか、計り知れません。

このオバマ前大統領の言葉をトランプ大統領と比べてみましょう。事実に反することでも同じ言葉を何度も繰り返して言うため、集会などで聞いている人にはとてもわかりやすいメッセージを伝えるスタイルがトランプ大統領の真骨頂であることは間違いないでしょう。自分の境遇や苦しみを理解してくれる、だから米国民の投票者の半数近くがそれに奮い立って、トランプ大統領が実現したことは確かだと思います。

しかし自分が大統領として4年間にすることよりも若いスタッフのこれからの活動のほうがずっとインパクトがあると周囲を盛り立てる言葉を述べるオバマ氏と比べると、トランプ大統領は常に「自分中心」です。大統領のために身をもって戦うと言っていた私的弁護士が、特別検査官に協力するという態度を示した途端に、これ以上ないような言葉で賞賛していた態度を翻して、「たいして重要な役割は果たしていない」

「嘘つきだ」とひどい言葉で非難したことは皆さんも聞いているでしょう。

これまでの好業績はすべて自分の手柄、それがうまくいかなくなると部下の責任にする、自分に責任はまったくない、と言い続けるトランプ大統領が米国のリーダーとしてふさわしい言動をとっているか、は一目瞭然だと思います。

〔＊1〕TEDxTokyo - John Maeda - Design Culture（動画、日本語版） https://www.youtube.com/watch?v=T68HdhjMV_4
同英語版　https://www.youtube.com/watch?v=UOnWHOn48XE

〔＊2〕ANA Blue Wing　https://www.wingsforchangemakers.com/

〔＊3〕President Obama: "I'm Really Proud of All of You."（動画） https://www.youtube.com/watch?v=pBK2rfZt32g

column 4

新しい世界を開いてくれた英語

私にとって英語とは、どんな意味を持ってきたでしょうか。

新しいものが好きなこと（中学で初めて英語に触れた！）、海の向こうは何があるのだろうと子どもの頃から思っていたことから、英語をやって、海外に行きたい！　と思って、何度も留学生試験に落ちたあと、大学3年生の時に米国に留学しました。その時の経験から、いろいろな人に会ったり、新しいことを試したりする機会が広がりました。

その後、ビジネス・スクールで何とか生き延びることができたり、国際会議に出席する機会を得ることができたりしたのは、英語のおかげといえる部分がとても大きいのです。

少なくともこれまでは英語がグローバルに通用する言葉だったので、どこの国の人とでも何とか話ができることが多く、その恩恵は私にとっては計り知れないものです。直接話ができるだけでなく、インターネットを通じて世界の膨大な情報に触れ、発信できるので、桁違いの「自由」を得られているような気がします。

私の場合、英語という道具がどれだけ新しい機会を開いてくれたか、自分でも信じられないくらいです。その意味で、世界中どこへ行っても何とかなるという「自由な生活」への切符かもしれません。

英語はコミュニケーションのための道具であり、一つのメディアですから、誰でも時間をかければできるようになり、特別なものではありません。

言葉には、文化や社会を反映するという性格もありますが、使えば使うほど価値が上がる「道具」であることも事実です。金槌やはさみ、包丁と同じような道具なので、まず使い方の基本を教えてもらったら、どれだけ使うかによってどれだけ使いこなせるかが決まる、つまり使う頻度がカギだと、私は自分の経験から確信しています。

まずは基礎力をつける上で、中学や高校のテキストを音読、丸暗記してしまい、文法の基礎を頭にたたき込むことと、英語の歌を歌うことなどが効果的です（私は最初、そうしたやり方で学びました）。

後はひたすら頻度を高める。話す力、読む力、聴く力、書く力、いずれも始終触れる・練習することが成功のカギです。1週間に1度ではどれだけ長い時間をかけてもあまり効果がありません。パソコンやスマートフォンも同じですが、毎日使っていれば、細かいステップをいちいち思い出さなくても自然に手が動くようになります。

英語も目、耳、手を使うものなので、たとえば日曜日に5時間使って勉強しても、次の日曜日にはまたステップを思い出さなくてはならず、自然に目や耳が働く、手が動くようにはなりません。毎日続ける、短時間でもよいから触れる、電車に乗っている時などスキマ時間を活用して、常に練習するのがコツです。

また、日本では多くの人が中学から何年もかけて英語を学んでいるのに、実践的な力がついていません。それはインプット偏重――つまり文法、読むことが中心――で、書いたり話したりというアウトプットが少ないからだと思います。

私の場合、聞くほうのインプットは英語のニュースのポッドキャストを利用しています（英国のBBCとエコノミスト、米国のウォール・ストリート・ジャーナル、PBS＝米国の公共放送）。

読むほうのインプットは、ツイッターで関心がある分野の人や機関をフォローしています。おもしろそうと思ったものについては元の記事も読んで、リツイートすることも心がけています。

アウトプットについては、話す機会があまりない時は、何でもよいので、あるテーマについて5分間英語で話すということを試しました。日本人大学院生は英語力が不足していることがわかったので、このルールをつくり、それぞれ自宅で一人で実践するだけでなく、皆で集まった時に5分スピーチをする練習をしていたこともあります。

書くほうは、ほぼ毎日英語でブログを書いているので、これがアウトプットになります。ブログを持っていない方でも、ツイッターやフェイスブックで、気軽に英語で発信してみてはいかがでしょうか。

第五章 やらないことを決める

21 仕事は楽にするもの
――「すぐやる」「順序を変更する」で生産性をアップ

皆さんの中には、次のような印象を持ったことがある人はいませんか。

- 目的がはっきりしないのに長時間の仕事をやらされる
- 疑問や問題意識を持つと「黙ってやれ」と言われる
- どれだけ長くオフィスにいるか、時間と根性だけが評価される

自分の自由になるのはお金ではなく「時間」

人口が急減していく中での日本経済の縮小スパイラルを防ぐには、イノベーションによる生産性向上が必要といわれています。生産性向上とは、いかに時間を有効に使い、より高い価値のある成果を出すか、同じ成果ならいかに短い時間で達成するか、ということに尽きると思います。つまり、**いかに楽をして成果を出すか**、ということなのです。

「楽をして」と言うと、「苦労しないとダメ」「仕事で楽？　冗談だろう」と言う人が（特に年長者には）多いようです。

しかし、仕事やそのほかの活動をする上で一番核になるもの、自分の自由になるもの、使い方に可能性がいろいろあるものは何でしょうか。お金でも、生まれつきの才能でも学歴でも、家系でも資格でもありません。それは「時間」ではないでしょうか。

刻々と変化する世界、「時間」が最も大切

テクノロジーを原動力として、世界が刻々と変化し、世界がまるで手に取るように見える中、私は、最も大切なものは「時間」だと思います。時間は誰にでも平等に与えられています。どんなに高い地位にいる人でも、起業して富を築いた人でも、子どもでも、1日は24時間、1年は365日です。

また、スキルや経験は蓄積することができますが、時間はその時限りのもので、過ぎ去った時間を取り戻すことはできません。こう考えると、時間の使い方がどれだけ大切なのか、おわかりいただけるでしょう。

しかし、私たちは時間を有効に活用しているでしょうか？　混雑がひどいだけでな

く、最近はときどき遅れることもある通勤電車や、意思決定がされず何度も同じことが繰り返される会議など、時間や成果のことを真剣に考えず、ただ習慣で時間を無駄に使っている例は私たちの周囲にたくさんあります。

高生産性からはほど遠い通勤、それも大混雑の電車に乗っている時間、出席する必要もない人が多いだけで活発な議論がなく意思決定がされない会議など、有効な時間活用の〝敵〟はたくさんあります。

そこで、「いかに時間への感度を上げるか」「いかに時間を有効に使うか」を別の視点、つまり自分ですぐできるものから考えてみたいと思います。

すぐにできることはその場ですぐにやる

最近、痛切に感じるのは、すぐできることをその場で終えると、時間の無駄が少なくなることです。たとえば何かの会合に誘われた場合、自分の都合（すでに予定が入っているなど）で明らかに行くことができない場合は、その場でお断りする。

質問への返事や何らかのコメントを求められた場合でも、すぐにできることはその場で答えることがコツです。もう少し考えてから返事をしようと思ってそのままにしておいたり、メールの下書きファイルに入れておいたりしても、それ以上考えることはほとんどありません。結局、下書きファイルのことが心の負担になるだけではないでしょうか。

また打ち合わせや会議などで、**次にやること（いわゆるネクスト・ステップ）を決めたら、すぐできることは必ずその日のうちに終えてしまうことがとても大切**です。会議が時間切れになって、コメントがあったら担当者にメールで知らせるようにと言われた場合や、イベントのレビューをしなくてはならないといった場合も同じです。

私は必ずその日のうちに、コメントをまとめて送ってしまいます。イベントのレビューやお礼なども、その日のうちに送れるものは送ります。別の仕事が迫っているからと、そちらを優先してしまうと、コメントを考えようにも元の印象が薄れてしまい、思い出してから作業しなければならないため、かえって時間がかかってしまい、とても非効率になります。

スピード感覚をもって「すぐやる」ことが大切

こういうと、「すぐできないこともあるのではないか」「短期でなくシリーズなど長期的な計画はもっとじっくり考えたほうがよいのではないか」という疑問が起こるかもしれません。

たとえば、あるイベントのレビューをした結果、来年のイベントの内容や予定を大幅に変えるなど、長期的な意味合いがある場合でも、長期プランそのものは別にして、直後のレビューは担当者や関係者に送ってしまうのです。打ち上げがあって夜遅く帰る場合でも、その日のうちにするのが望ましいのですが、少なくとも次の日の朝早く起きて、真っ先にレビューをしてしまいます。

これは私にとっては「鉄則」なのですが、意外に実行する人が少ないようです。以前、ビジネス・スクールにいた時もコンサルティング会社にいた時も、「人に話を聞いたらすぐノートをまとめること！」と何度も言われました。その経験から、こうした習慣が身についたようです。

6節で「『先手必勝！』がコツ」と書きましたが、スピード感覚をもって「すぐやる」ことが大切です。特にインターネットで次々に新しい情報が手に入るようになって以来、すぐやること、すぐに働きかけることの重要性は前より大きくなっていると思います。

私は毎朝、その日にすることをリスト（To Do List）にして1日の終わりにそれをチェックし、毎日それをもとに活動に使った時間を計算しますが、すぐやれることはその項目に入れることさえしないということなのです。

やることの順序を変えて効率化

私は、常にどうすれば時間をあまり使わないでできるか、**要するに、「どうすれば楽か？」を考える**ようにしています。たとえば、順序を変えるだけでもずいぶん違うことがあります。

朝出かけるまでがあわただしい人は多いのではないでしょうか。朝食を食べ、その日に必要な資料をそろえ、天気に合わせて着るものを決めて……など。

私の場合、これまでは出る直前に洋服を着替えるようにしていたのですが、それだとメールをチェックしたりしているうちに思いのほか時間がかかってしまい、約束の時間に遅れそうになって毎回あわてることが多く、朝から浮き足立ってしまうので、朝食、資料の準備、洋服の着替えを先にするようにしてみました。

そうすれば、あとは2分程度で出かけられるので、余った時間でネットを見て、必要な作業をしても遅れる心配がありません。また資料は前の晩にそろえ、朝食のセットアップもしておきます。

いずれもちょっとしたことですが、朝の作業がずっと効率的になったように感じます。

イベント当日から時間を逆算して手配

私は毎日、その日にすることをリストにしていることは先に述べた通りですが、より長期の予定ということでは、以前は6カ月の予定が一目でわかるカレンダーを使っていました。今は「アクションプランナー」(佐々木かをり氏が発案した手帳)の2カ月が1ページのものを、1年分(6ページ分)使っています。長期の予定が一覧できることがポイントです。

かなり手間のかかる原稿やセミナーの準備、イベントの告知やフォローなどは、イベント当日から必要と思われる時間を逆算して、アウトラインを書いたり資料の手配をしたりします。

原稿などの場合は編集を頼んでいるプロの予定も確かめて、ざっとした計画を立て

新テーマで講演！となった場合のスケジュール・段取り例（「サステイナビリティ」の講演）

テーマ

サステイナビリティをどう戦略に統合するか

目的・依頼内容

CSRを専門にするコンサルティング企業が開催する2013年7月の企業研究会での講演。依頼内容は「サステイナビリティをどう事業戦略に統合するか、広い視点から議論したい」。
（その後、2014〜2015年3月のセミナー、講演などにも応用）

背景・引き受けた理由

CSRについて、事前にはいくつかの企業事例を知っていた程度。サステイナビリティについては、世界経済フォーラム関連でブレーンストーミングのモデレーターをした経験があったが、サステイナビリティを事業戦略にどう統合しているか、世界の状況などについて本格的な講演をしたことはない。
新しいテーマだったが、事業戦略の観点からの講演であれば自分の強みが活かせると感じたこと、日本企業のCSRの状況を知る上でもよいと考え、講演依頼を受けることに。

リサーチ、下準備　約3週間前〜

これまでの知識を確認・更新。世界での状況を調べるため、世界経済フォーラムのウェブサイトでsustainability & business strategyを検索。同じキーワードでインターネット上の論文、記事、カンファレンス、レポートなどを検索（過去1〜2年くらい）、見るべき企業を数社リストアップ。
リサーチの過程で、以前からの友人がこの分野で研究していることを発見し、メールで状況を聞く。その友人から、見るべき企業とレポート最新版を教えてもらう。

ドラフト作成　1〜2週間前

友人からのインプットおよび自分でピックアップした企業についての記事、資料、ウェブサイトなどを本格的に検索。それぞれについて数枚のスライドにまとめる。
一方、日本企業のサステイナビリティと比較して、世界では何が課題になっているのか、どこが違うのかをリストアップして、ドラフトを作成。記事や文献など複数の資料から確認。

スライド仕上げ　3日前

最終的にはかなりポイントを絞り込み、企業の説明も、概要とサステイナビリティについて特徴的なことだけを説明するスライドを作成。

初回の講演後の活用

その後、このワークショップのために作成したスライドはデータを更新し、形を少し変えて、ほかの講演の中で、最近の課題の一つとして事例とともに活用（2014年の各種セミナーおよび、2015年3月のシンポジウムでの講演など）。

ています。短いコラムなどは、いくつかアイデアを書きとめておいて、一気にドラフトを書き上げ、2日ぐらいかけて見直すことが多いのですが、比較的長い記事の場合はかなり早い時期に大体の構想を考え、言いたいメッセージ、構成をドラフトにします（これは完成までに何度も書き直します）。

セミナーなどで話す内容も同様で、メッセージとストーリーを含むレジメを早めに作成し、それを見直しながらスライドを準備していきます（このやり方の詳細については、15節の「プレゼンテーション必勝法・その3」でも触れました）。

矛盾しているように思われるかもしれませんが、締め切りギリギリに取りかかる（それ以前にざっと見ておき、全体観を持つ必要はありますが）というやり方をすることもあります。近い将来にセミナーをする、何らかのプレゼンテーションに行きコメントする、電話やリアルの会議をするなどの場合、あまり前から準備を始めると時間を無駄にしてしまうこともあります。それは、

- まだ余裕があると安心してしまい、集中しないので、なかなかはかどらない
- あまり前にやったことなので、当日、ほとんど忘れてしまっている
- 準備をした時から（世界）情勢が変わってしまい、話が古くなる

などが起こるからです。

このやり方（ギリギリに取りかかる）の場合、突発的な事件（自分や家族の病気など）が起こる、予想以上に時間がかかる、心の平安が得られず（？）精神衛生上よくない、など、リスクはあるのですが、最初にちらっと見て全体観や仕事の量を見きわめた後、ギリギリまで放っておき、そこから全力疾走！という感じで集中して一気にやります。時間が迫っているので、必死になり、それだけに集中して、結果的には時間を効率的に使うことができます。

1年分の予定を最初にカレンダーに書き込む

最近では、企業のワークショップ、自分で企画している毎月のイベント、社外取締役をしている企業の取締役会、国際会議の予定などを1年分カレンダーに書いてしまい、活動別にマーカーで色分けしています。

こうしておくと年間にコミットしているスケジュールがわかるので、新たなイベントや講演その他アポイントの依頼などが来た時にもすぐに返事ができるのです。もちろん海外に行く予定、自分のための活動（合気道のクラスなど）もそのスケジュールをもとに決めます。短い海外旅行などは、その気になったらさっと決めてすぐに手配することもよくあります。

ごく最近のニューヨーク行きも、今活動している世界経済フォーラムの委員会のワークショップが、私のたまたま空いている1週間にほぼ一致していたので、「ワークショップに参加する」とスタッフに知らせ（招待状は少し前に来ていたのに期限を見逃していた）、すぐ宿泊の予約をして、フライトを探しました。この時は行ったその日の午後からワークショップに参加することになってかなりタイトなスケジュールになってしまいましたが、2日間開かれたワークショップの1日半は出席することができたので、とても有意義な時間を過ごすことができました。もちろんニューヨークでは大好きなミュージカルやお芝居、コンサートなども探してチケットを買いましたが。

「すぐやる」「明日まで待たない」「順序を変えることをいとわず、今の時間の使い方を常に見直す」。こうしたことを試してみてはいかがでしょうか。

「楽に仕事をする！」――これが目標です。『世界級キャリアのつくり方』でも提唱した「時感力」を活用するのです。

22 「友人のポートフォリオ」をつくる
――人生の分散投資法

学生や最近社会人になった若い人を対象としたセミナーやイベントで、「ロールモデルがいない」という悩みを聞いたり、「ロールモデルは誰ですか」と聞かれたりすることがよくあります。近頃話題になる女性リーダー、女性活性化に関するセミナーやシンポジウムでも、「ロールモデル不在」という課題がよく出てきます。

ロールモデルって何？

「社内にロールモデルがいない」という言い方をよく聞くことから考えると、「同じ会社、同じ業界、同じ分野で自分が目指す人」というのがロールモデルの一般的な定義のように思われます。その割には、中年男性のロールモデルという話をあまり聞かないのは、ちょっと不思議な気もするのですが、あえて考えるまでもなく、それは社内のトップや幹部を前提としていることが多いからでしょうか。

またグローバルリーダーのロールモデルという話もあまり聞いたことがないのは、グローバルリーダーという人材像が日本ではまだピンとこないせいかもしれません。

少し前に参加したドバイでのアラブ女性リーダーシップ・フォーラムやインドの女性ビジネスリーダー・シンポジウムでも「ロールモデルの不足」を聞いたので、ロールモデル探しは日本だけに限らない課題のようです。

好きな人、尊敬できる人、素晴らしいと思う人

私自身もときどき、「ロールモデルは？」と聞かれることがあります。

こうした質問に対して、私は「ロールモデルというのかわからないけれど、好きな人、尊敬する人、素晴らしいと思う人は多数います。性別、年齢、国籍、分野などまったく関係ないですが」と答えます。実際そうなので、自分に近い分野で一人のロールモデルという考え方にはかなり違和感があるのが正直なところです。

とても離れた分野の人たちですが、たとえばスポーツの分野では、自分の役割への深い洞察と比類のない技術を持つデレク・ジーター氏（２０１４年シーズンでニューヨーク・ヤンキースを引退）がいます。ジーター氏はどんな時でも人を非難などせず、

怒りに任せた発言をしたことが一度もないことで有名です。引退した時も、「自分の仕事をしてきただけ」ととても淡々としていたので、さすがにプロフェッショナルと思いました。

音楽の分野では、いかにも自由な表現をするバイオリニストのイツァーク・パールマン氏。毎年新しい趣向の全国ツアーを続け、自然体でいて、圧倒的な実力のある髙橋真梨子さん（そして、彼女をサポートするプロデューサーのヘンリー広瀬氏）。最近お会いした人では、自分の好きなことを求めて世界で活動する現代音楽作曲家の藤《ふじ》倉《くら》大《だい》さん。こうした方たちは、素晴らしいと思うし、自分もそうありたいと尊敬する人たちです。

髙橋真梨子さんのコンサートには、同年代から若い人まで熱狂的なファンが多数参加しているのですが、観客がいつもより静かで、ノリがもう一歩という時に、「今日はいつもより静かだけど……」と問いかけたり、フランクに年齢の話（このご夫妻は団塊の世代なので、全国ツアーは疲れることもあるそうです）をして、観客に親近感を持たせたりします。いかにしてその日のコンサートの観客に満足してもらうか、自分の感じることをそのまま素直に表現しつつ、きめ細かく対応しているので、私がワークショップをする時にとても参考になります。

藤倉大さんは２００９年、２０１５年と二度尾高賞を受賞し、オペラ「ソラリス」がヨーロッパで大成功している新進気鋭の作曲家です。９節でも紹介しましたが、彼いわく、「ベートーベンは古典といわれているけれど、登場した時はその音楽の斬新さから、ロックスターみたいだった、だから現代音楽も多くの人に知ってもらい、古典になることを目指している」。このように音楽が生まれてきた時代背景を、誰でもわかるような言葉で説明するのが素晴らしく、また音楽だけでなく、ビジネスなど新しい分野への好奇心がとても強い点も尊敬できる人です。

「さすが！」と思わせ、お手本にしたい人々

私のまわりで考えると、直接会ったことがある方としては、ビジネス界の永守重信さんが浮かびます。数年前に永守さんの「すぐやる、必ずやる、できるまでやる」という言葉を知って、会議で引用し、それが記事になったところ、永守さんはそれをご覧になったのか、数日のうちに本を送ってくださり、「まさに言葉を実践しておられる」とすっかり感心してしまいました。

稲盛和夫さんは、人材や雇用については同じ意見ではありませんが、頑固なまでに自分の哲学にこだわること、全身全霊をかけ、私心なしに使命を全うされる姿を目の当たりにして、とても感銘を受けました。

世界に目を転じると、何度か会議で見かけたことがあるＩＭＦ専務理事のラガルド氏がまず頭に浮かびます。国際機関のリーダーでありながら、「私が、私が」という押しの強さはあまり感じさせず、それでいて自分の意見はクールに断固として言うし、装いもかっこいいなあと思わせるからです。発言はロジカルでわかりやすく、バランスがとれていて、世界経済をリードする論客の一人です。サンガレン・シンポジウムに登場した時も（11節参照）、「リーマン・ブラザーズがリーマン・シスターズだったら状況は違っていた」「もっと脚が必要（スカートをはいた女性が会議などに出席していることという意味）」などユーモアのセンスもあり、鋭いコメントをします。シンクロナイズド・スイミングの選手だったというところも「さすが！」と勝手に思ったりしています。

最近では、『ワーク・シフト――孤独と貧困から自由になる働き方の未来図〈２０２５〉』（プレジデント社）の著者であり、ドバイの会議や日本のセミナーで少しだけ会う機会のあったロンドン・ビジネス・スクールのリンダ・グラットン教授も、世界の流れをとらえ、それをわかりやすく説明する力に優れており、尊敬しています。ダボス会議では夜明けまで踊り狂った！　など、いかにも生活を楽しむという姿勢も、素晴らしいと思っています。

直接仕事や活動を一緒にしたことがある人という意味では、黒川清さんには、ぜひお手本にしたいと思う面があります。黒川さんはチームをうまく活用し、困難なこともやり遂げ、自分が正しいと思ったことを主張し続けるだけでなく、桁違いにフットワークがよく、日本学術会議会長、東京電力福島原子力発電所事故調査委員会（国会事故調）委員長などを務めてきました。

比較的最近会った人でこれは、と思うのは落合陽一さんです。たまたま前に書いたANAのBlue Wingプロジェクトの次の展開である「WingFly」のローンチイベントに呼んでいただいて、初めて落合さんに会った（実は数年前のTEDxTokyoでご一緒だった）のですが、話の明快さ、目指していることの壮大さ、そして何にもましてその異常とも言えるほどの仕事量活動量に大変感銘を受けました。

そのあといろいろなイベントを探して見に行ったり、私の関与していたシンポジウムのスピーカーに推薦したり、もちろん本を読み、ツイートを追っています（彼のすさまじいスピードと集中力になかなかついていけず、ビデオなどは全然見られていませんが……）。

それ以外、ここ数年新たに「つきあう人」になったのは、アーティストです。音楽の分野では前述したロンドンにベースを置いて活躍する作曲家の藤倉大さん、ゲームのデザイナーとして以上にいろいろな活動をしている水口哲也さん、パネルで一緒になったことから知り合った渋谷慶一郎さんなどです。最初は分野が違うし、それぞれ新しいことをしておられるので「これは何だろう」という感じだったのですが、いろいろなイベントに参加したり、声をかけていただくようになって、特にテクノロジーとアートの限りない可能性について、世界が広がった感じがします。

こうしたスケールの桁違いな若い人がどんどん登場してそれにインスパイアされる同年代の人が増えてくれれば、日本も世界もよりよくなるだろうと確信できます。

またこうした若い世代だけでなく、財団の評議員をすることで知り合った建築家の安藤忠雄さん、画家の絹谷幸二さんなども世界で活躍するキャリアの背景を知ってインスパイアされることが多く、またこうした有名な方なのに、手紙の返事をくださったり、ご自分で個展の案内をしてくださったりというご親切な姿勢から学ぶことが多いです。

「友人のポートフォリオ」をつくる

具体例で示してきましたが、このようにいろいろ優れた点や見習いたいと思う点がある人は皆、ロールモデルにしてしまえばいいのです。年齢に関係なく、**「すごい」と思う人に出会ったら、どんどんリストに加えてしまう**、というのが私のやり方です。

私はこれを「友人のポートフォリオ」と呼んでいます。**課題、分野、場所、時期などに応じて、いろいろな役割をしてくれる友人グループ、あるいはサポートグループを持つというのが「友人のポートフォリオ」**の意味です。

事業のポートフォリオは、いろいろな事業を、市場の伸びと自社の競争的地位の二軸で位置づけ、積極的に投資する、キャッシュを回収する、撤退するなど、企業全体の収益性や成長性のバランスを検討するツールです。株のポートフォリオも一つの株に投資全額や全財産をつぎ込んでしまわないようにという考え方が基本になっています。

同じように、人についても、一人にすべて依存するのではなく、いろいろな役割を持つ知り合いや友人を持つようにするのです。

仕事のことを相談する人、プライベートなことを相談する人、ある特定分野の今後の進め方について相談する人、よくわからない案件について相談する人といったように、分野や課題などに応じてそれぞれ相談できる人を持つことが大切です。

ロールモデルは一人に絞り込まずに多様なほうがよい

自分の仕事のことをまったく知らない人に仕事の相談をしても、役に立つ答えが返ってくることはあまりありません。キャリアについて、仕事を持ったことのない人に相談してもわかってもらえないのは当たり前のことだと思います。

また、ある分野（たとえばロボット）に関心を持ち始めた際、ロボットが今後どうなるかを聞く相手は、その分野の専門家でなければなりません。

先ほど「場所」と述べたのは、日本独自の課題や分野もあれば、海外のものもあるためです。日本特有の仕事の仕方について悩んでいる時に、今の日本についての知識がほとんどない外国人に相談しても、あまり役には立たないでしょう。

また「時期」というのは、自分の状況によって、落ち込んでいる時に会う人、新しいことが見つからない時に会う人、素晴らしい人やイベントや本などに出会った時にそれらの話を聞いてくれる人など、その時に応じていろいろな役割をしてくれる人のことを指します。

また、「やってみたら？」と常にポジティブに背中を押してくれる人、自分が舞い上がっている時に「ちょっと待って！」とリスクや問題点を考えることを促してくれる人も必要で、実際にそういう人はいるものです（今すぐにリストにしろといわれると完全にはできないかもしれませんが、困った時に考えると大体顔が浮かんでくるものです）。

気楽にいろいろなイベントに行ったり、手紙やメールを出したりしていれば、「友人のポートフォリオ」に加えたい人は次第に増えてきます。

ロールモデルは、ただ一人と絞り込まずに、多様なほうがよい。そう言えるのではないでしょうか。

23　活動の時間配分を振り返る
――年に一度の「棚卸し」

皆さんは年末年始をどう過ごしますか。私はここ10年ほど、12月半ばから海外へ行き、違った景色の中で1年を振り返り、新しい年のプランを立てることが習慣になっています。

私は誰か？　どこへ行こうとしているのか？

その場合、大事なのは、「私は誰か？　どこへ行こうとしているのか？」を考えることです。特に世界が今のようにつながり、各地で、政治・経済・社会のいずれの分野でもこれまでに見られなかったような出来事が続けざまに起こっている中、この質問を自分なりに考えることの重要性は増していると思います。前述しましたが、日本では「あなたの意見は？」と聞かれることがとても少ないです。個人に選択の自由や権利がある、という前提を理解していない人が多いせいか、とかく「日本に生まれたから日本にずっといる」「一族の伝統に従って自分も同じ道を進む」「有名企業に就職したからそこでキャリアを続ける」などこれまでの前提に縛られがちな人が多いようです。また、自分で考えることなくこれまでのやり方を踏襲するのは、世界がこれだけ変化している中で、逆に大きなリスクになるとも思います。

「私は誰か？」という問いに答えることは、世界で活動していく上で不可欠だと言ってもいいでしょう。たとえば米国などでは子どもの時から、何がしたいのか、この中でどれを選ぶのか、などを聞かれます。こうした簡単な問いだけでなく、言い方はいろいろですが、「お前は誰だ。どこへ行こうとしているのか」という質問も何度もされるようです。そこで誰もが、自分のアイデンティティ、目指す目標を常に考えることが常識と思われています。

「私のユニークさは何か」を話す

では、「私は誰か？」という問いを、どのように考えたらよいでしょうか。

初めて集まった会合などで、参加者が自己紹介することは多いと思いますが、印象に残る話を聞いたことはありますか？

総じて、ありきたりの自己紹介になってしまい、あまりおもしろくありません。ほとんど記憶に残らないことが多いのではないでしょうか。

英語での自己紹介となると、それがもっと顕著になります。初めての場で何を言ったらよいかわからない、英語だからなおさらうまく言えない。そう思ってしまい、名前・会社・仕事・趣味などを簡単に話すだけになってしまいがちです（それもなぜか小さな声で）。

国際的な場での自己紹介が国内とまったく違うというわけではないのですが、組織より個人として参加している国際的な場では、ある程度名前が知られている人以外は、やはり自分を覚えてもらう、関心を持ってもらうことが自己紹介の目的となるようです。

そういわれても、どこから始めたらよいのか迷う方もいるかもしれません。

私がおすすめするのは、自己紹介の時に「私は誰で、どこへ行こうとしているのか」を話すことです。「私は誰」というのは、名前と所属する組織（会社）、担当している仕事のことをただ話すのではなく、**「私のユニークさは何か」「何がほかの人と違うのか」**を中心とするのです。

「ポートフォリオ（自己作品集）」を持ち、いつも更新しておく

名前は一人ひとり違いますが、属する組織、仕事が同じ人は多数いることも少なくないと思います。たとえば○○会社のエンジニア、といった紹介では、独自性は出せません、そのかわりに、自分がやってきたこと、その成果や学んだことなどを話せば、その内容はユニークなものとなります。といっても、自分がやってきたことの「何」を話したらよいのか、何か判断の基準が必要だといわれるかもしれません。

私のおすすめは、選択できるように、自分のやってきた活動を常にまとめ、写真家やデザイナーが自分の作品集を持っているように、「ポートフォリオ」を持つことです（「ポートフォリオ」という言葉がよく登場しますが、ここでは「自己作品集」という意味です）。

これには少なくとも二つの意味があります。一つは、**その場に応じて、話す内容を選べる**ということ。もう一つは、**自分のポートフォリオを常に新しくしておく**必要が出てくる、ということです。

会合や場によって、自分がやってきたことの「何」を話せば、関心を持ってもらえるか（質問がたくさん出てくるのは良いことです）、「何」を活用すればその場や会合

の目的を実現する助けになるか（その場に貢献できるか、と言い換えてもいいと思います）ということを考えて、その場に合った活動や成果、そこからの教訓を説明するのです。

また自分のポートフォリオを常に新しくしておくためには、昔の経歴（出身大学など）ではなく、最近やってきた活動を考えて、説明の中心にすることが大事です。ということは、ずっと同じ仕事や活動を続けてきたのでは、色あせ、古ぼけたポートフォリオになってしまいます。つまり、ポートフォリオをつくる習慣をつければ、常に新しいことをするように自分を自然に励ましたり、駆り立てたりすることができるのです。

過去1年の自分の活動を棚卸しする意味

私は年末の休みを利用して、その1年の自分の活動を棚卸しします。プロフェッショナル、パーソナルの二つに分けて、主な活動について「どんなことをしたか」だけではなく、「どういう結果になったか」をレビューするのです。

レビューは、個々の活動のほかに、もう少し大きな視点で、年の始めに自分で設定した目標（たとえば時間配分を変更する、参加する会合やコミュニティを新しくする、新たな分野に挑戦するなど）を達成できたか、という面からも考えます。

そうすると、まさに自分の活動ポートフォリオ（「私は誰か」に答えるもの）を更新する作業になり、また「私はどこへ行こうとしているか」の短期的な目標の達成度合いをチェックすることにもなります。

しかし、これは「毎年」の目標とレビューなので、5年後に「どこへ行こうとしているのか」「何を目指すのか」という問いの答えにはなりません。こちらは毎年ではなく、もう少し間隔をあけて、あるいは何か大きなイベント（転職、退職など人生の大きなイベント）があった時に見直すことが多くなります。

活動の時間配分をファクトベースでとらえる

年末年始に自分の活動を棚卸しし、レビューするようになったのは、クリスマスカードと年賀状を一つにまとめ、自分の活動や目標をつづるレターを日本語と英語で書き始めてからです。サイン以外何も書いていないクリスマスカードや年賀状では意味がないと思ったので、1ページくらいのレターを書いて、メールで送ることにしたのがきっかけです。レターにするには、自分の活動の棚卸しをしなくてはならず、新しい年に向けて計画している活動を書かなければなりません。

最近ではこの活動がさらにエスカレートして、毎日どんな活動に時間を使っているかログを記録し、棚卸しの時にそれを集計して、活動の時間配分をファクトベースでとらえるようにもなりました。「たぶん、このくらい時間を使っているのだろう」という感覚ではなく、実際の時間が大まかにとらえられるので、優先順位がどうだったかを確認した上で、新しい年はどんな活動を増やしたいか減らしたいかを考える時の指針になっています。

世界で活動するための第一歩は、「私は誰か、ほかの人とは違うこんな特色がある、そしてこの方向を目指している」といったことを自分なりに明確に説明することです。新年を迎える時には、皆さんも試してみてはいかがでしょうか。

最近「働き方改革」ブームの中でも、残業時間など時間だけでなく、「生産性」が話題になってきていますし、日本のホワイトカラーの生産性の低さはよく知られていることなので、この1～2年は、活動の時間配分をファクトベースで把握するだけでなく、それぞれの活動から得られる収入（給与、講演料、原稿料など）をその活動に費やした時間で割って、活動ごと（かなり大きなまとまり）の生産性を試算してみることにしました。

　この分析からも新たな発見があり、単なる単位あたりの収入ということ以上に、自分にとって大切な活動（収入にはならないが、有意義な社会的活動）を見直すきっかけにもなりました。常に新しい視点を求めることが大事だと思います。

24 「やらないこと」を明確にする
――「見切り」が必要である理由

　前節で述べましたが、私は年末にその年の活動の「棚卸し」をして、次の年の目標をざっと決めるようにしています。そして最近は、目標を決める時や毎日の活動をする時に、「やらないこと」も明確にするようにしています。

いくらやっても成果が得られなければ、すっぱりあきらめる

事業戦略でも、「What to do and What NOT to do（やるべきこととやらないこと）」を明らかにすることの大切さや、トレードオフの重要性がよくいわれています。

複数の事業を展開する企業が戦略を立案する際、「A事業は基幹事業として注力する」「B事業は将来の成長を期待して投資する」などとだけ説明し、実は撤退や売却を考えているようなY事業やZ事業のことに言及しないことがあります。

そうすると、Y事業やZ事業を担当する人はこれまで通り業務を続けてよいのだろうと誤解してしまい、メリハリがつかず、どの事業もうからない、ということになりがちです。ただ最近は、それではグローバル競争に勝てない、技術の進歩が速い、世界的に不確定要素が大きいなどの理由から、撤退、売却などをはっきり表現する企業が増えてきました。

事業戦略と同様に、私も「What NOT to do」を自分なりに決めて、やらないことを明らかにしようと思ったのです。またこの先いくらやっても成果が得られないと確信が持てる場合は、すっぱりあきらめようと決めました。

何年も続けて同じ目標が設定されるのはおかしい

こう思うようになったのには、いくつかの理由があります。一つは、新年や誕生日などにいろいろ目標を立てても、なかなか続かない。そうなると焦ったり、挫折感が強くなったりして、自信を失ってしまい、精神的にも良いことではないからです。

ビジネス雑誌新年号には、「今年は英語を」「体力をつける」「資格を取る」などの特集記事がたくさん載りますし、今年の抱負は決めたけれど三日坊主で終わってしまったという話もよく聞きますから、なかなか続かない人が多いのでしょう。

私自身、何年か続けて次の年の目標に挙がってくる項目（ということはその前の年に実現できなかったということです）がいくつか出てきて、棚卸しと次の年の目標を立てる時に、どうしたらよいか、はたと困ってしまったこともあります。

このまま目標にしておいてよいのだろうか、そのままにしておいたら、いったん事業やプロジェクトを始めるとなかなかやめられない戦略不在、意思決定なしの企業と同じではないか？　そう思うようになりました。

そこで、これまでは大体3年同じ目標が挙がってきたら、そこで違う目標を立てることにしていたのですが、最近は、「何をしないか」をはっきり自分で決めたほうがよいのではないか、と思うようになりました。

自分の時間とエネルギーは限られている

実はこれまでも、ある程度、活動の時間配分やつきあう相手の年齢、所属、活動の種類などの優先順位は決めてきました。新しいことに時間を使う、つきあう相手は若い人、民間の仕事優先、日本だけの活動より世界に向けた活動、などを優先してきたのです。しかし、「やらない！」という宣言はしてきませんでした。

私たちの資源は限られています。中でも**一番限られているのは、自分の時間とエネルギーです。やらないことを明確にしておけば、そのために時間を使うことはもちろん、「やるべきか、やらざるべきか」**とハムレットのように悩んだり、**「必ずやらなくちゃ」と強迫観念に駆られたりすることもなくなります。**また、この会合や会食は、行ったほうがよいか行かないほうがよいか、などと思い悩む必要もなくなります。

もう一つの理由は、「やりたい」と言ってはいるものの、本当は自分にやる気などない、ということがわかってきたからです。本当にやりたいと思っているのなら、一生懸命考えたり、何がなんでもやったりすると思うのです。

やりたいと言っているのは、「単なる希望だけなのだ」ということがわかったし、「本当に好きなことでもなさそうだ」と気がついたため、それも明らかにしようと思ったのです。

「見切りの洋子」と呼ばれる私の4つの「やらないこと」

「やらないこと」を意識して決めるようになったのはここ数年のことですが、2018年末には「やらないこと」リストだけでなく、「やめること」も付け加えました。

2018年の「やらないことリスト」は、

①「既存の大学院などである程度の期間行われるコースを教えること」
②「発起人」「アドバイザー」など名前だけで実際の活動が伴わないご依頼は断ること
③おつきあいで呼ばれる会合、会食、たんなる飲み会
④テレビを見ること

です。

新たに付け加えた「やめること」としては、「ベッド脇にスマホを置かないこと」「新

聞をツイートで読むこと」などです。

①については、慶應のメディアデザインで留学生を主な対象とした事業戦略のコースを定年退職後3年続けましたし、学ぶことも多々あったのですが、もっと若い世代が担当したほうが良いと思ったのでやめました。

②については、年齢のせいか、フリーターではあるのですが、「肩書き社会」の性格がまだ強い講演などでは「一橋大学名誉教授」というタイトルを使っているせいか、いろいろ声をかけていただくことがあります。その組織の活動や目標に賛同して、実際の活動をする場合は良いのですが、ただ名前だけと思われる場合はお断りします。名前を載せるのにはそれなりに責任が伴うと思っているからです。

③は、いろいろ声をかけてくださる方はあるのですが、基本的には行かない。自分の出身大学の会合や明らかに出席すべき理由がある場合は、8節で書いたように、一度は行っても時間の無駄だと思ったら二度と行かないように決めています。

新たに学べそうな人や会合、新しい世界が開かれそうなイベントなどは、自分で企画したり、自分からその人や組織に出席を依頼したりするようにしています。

④については、私はテレビをほとんど見ないのですが、以前あった「小さなテレビ

ではワールドカップを見るのにあまりにひどい」と米国から来ていた家族にプレゼントしてもらったので、換えました。

やめることとしてはっきり決めたのは、スマホをベッド脇に置かないことです。機能がどんどん増えているスマホを活用はするのですが、SNSやメールを四六時中チェックする惰性の習慣をやめるために、ベッド脇に置くことはやめました。画面が明るく、眠る直前まで見ているのはよくないという研究結果を見たことと、一種の中毒症状のようになってしまいそうだ、と考えたからです。

起きるためのアラームなどとしては使っていますが、寝る体勢になってからは音楽を聴くくらいにとどめています。もちろん夜中に起きた時や朝起きてすぐメールやSNSをチェックするという習慣からは脱しました。

自分のための毎日の活動についても、私は「見切りの洋子」と呼ばれているくらい、いろいろ試しますが、結局は脈がない、自分には実力がない、才能がない、これからもそれを獲得するのは困難とわかったら、すぱっとあきらめる傾向があったので、その延長線と考えることもできます。

やらないことを決めれば、本当にやりたいことが見えてくる

やらないことを決めると、すっきりして、シンプルライフが実践できるようになります。やらないことがはっきりしているので、時間がかなり自由になるし、「どうしようか、やってみようか」と考える必要もなくなるので、心も自由になる感じがします。また、やらないことを決めると、「どうしてもやりたいこと」がはっきりしてきます。

私の場合は、年間を通した目標としてやりたいのは、若い人が世界で活躍できるような仕掛けや活動の場をつくること。毎日の活動でいえば、英語の力を落とさない（もしくは向上する）こと、世界でやっていけるだけの体力を維持（私は団塊の世代なので「維持」で十分）することなどです。

年間を通した目標は、ここ数年いろいろな形で続けていて、少しずつですが、効果が出てきたように思います。毎日の活動については、とにかく継続しなければ力がつかないことなので、もう半世紀ほどずっと続けています。

皆さんも、たとえば「英語は自分にはどうしても興味が持てないから、やらない」「世界で活動するつもりはないので、海外の情報はいらない」「頭脳労働で勝負するの

で、体力をつける必要はない」「起業はしない」「結婚はしない、子どもは持たない」など、やらないことを明確にしてみてはいかがでしょうか。
きっと生活がすっきりして、自分が本当にやりたいことがはっきりしてくると思います。シンプルライフが一番です。

25 「つながり」の賞味期限を意識する
——変化を身近なものにするコツ

最近感じることですが、とにかく「変わる」ことを避けようとする人が日本では多いように思われます。年代、年齢などにかかわりなく、「変わる」ということだけで無意識のうちに、何か悪いことが起こるのではないか、と思ってしまうようです。

環境を変えることが新しい発見のきっかけになる

確かに「変わる」と、何かを失うことになります。住む場所を変える、会社を替わる、学校を替わる、キャリアの方向転換をするなど、何か変えようとすると、今まで慣れ親しんできた場所、今までの職場、今までの仕事のやり方などを続けることはできないので、失うものもあります。しかし何かを失うことを恐れていては、新しいことはできません。

といっても、変化を大げさなことにしないで身近なものにするためにはどうしたらいいのでしょうか。世界は刻々と変わっている、今までの考え方は通用しないといわれても、一歩が踏み出せないという人は多いのではないでしょうか。

変化を身近なものにする簡単なコツは、大前研一さんが言っている「**住む場所や働く場所を変える**」「**つきあう人を変える**」、**つまり周囲の環境を変えることによって、新しい発見のきっかけをつくる**ことです。

住む場所や働く場所を変える、ということとの関連では、留学なども含めて海外に行くこと、海外の会議に参加することも新しい発見のきっかけになります。私自身が、日本の地位が国内での認識とはまったく違う、世界は技術を中心にそれまでとはまったく違う動きを示している、と最初に痛感したのは、10年以上前に初めてダボス会議に出席した時のことでした。ちょうどＩＴが全盛になってきた時で、30代のリーダーが活発に議論するのを見て、これはまずい、何とかしなくてはと、かなりの危機感に襲われたことを昨日のように思い出します。

つきあう人を変えるという点では、それまでの自分の専門であったビジネス以外に、学術会議の仕事などを通じて、科学者の方々と触れあうようになって、貧困、エネルギー、気候変動など世界の課題への認識は大きく変わりました。科学や技術関連の会合に出席したり、黒川清さんなどの話を繰り返し聞いたりする機会がある中で、最初は、「この人は一体何のことを言っているのだろう？」と言葉もわからなかったのが、何度も聞くうちに少しは内容がわかってきました。

ああこういうことらしい、と納得する決め手になったのは、数年前に、世界で一流の科学者が集まったセミナーに出席した時です。世界の学者や政府関係者が数人、気候変動などについて講演をした時に初めて、「これまで私が聞いていた話はこういうことだったのだ」ということがわかったのです。この感覚もとても鮮やかだったので、今でもその場の光景が思い浮かぶほどです。

SNSはマンネリになってしまう危険性も

ブログ、ツイッター、フェイスブックなどソーシャル・メディアが普及して、学校や勤務先、地域などを超えて、同じ関心を持つ人や同じような目標を目指す人たちと「つながる」手段が、誰でも簡単に利用できるようになりました。また関心のある分野の情報を得るためには、その分野で積極的にインターネットを活用して発信している数人をフォローしたり、あるテーマについての関連資料だけをまとめているキュレーション・サービスを利用したりすることもできます。

SNSを活用すれば、「毎日、同じ場所で同じ人と仕事をし、食事や飲み会もそのグループ、週末もその人たちとつきあう」という、場所に縛られた固定的なネットワークを壊すことができます。誰でもどこにいようとも、これまではアクセスできなかった人たちと「つながり」「違った世界」が開かれますし、見慣れた人以外の人と知り合い、そこから新しいアイデアのきっかけが得られるバーチャルな「場」に参加することができるわけです。

しかし、距離や組織を超えたとしても、「同じ」関心、目標を持つ人たちだけとつきあっていると、結局は、そのつながりが硬直化して、マンネリになってしまい、新しいアイデアが出ない、最初に感じたような刺激がなくなってしまう可能性もあります。

ネットワークにも「棚卸し」が必要

そこで私は、「つながり」を流動的なものととらえて随時見直すこと、ときどき棚卸しをして更新することを提案したいと思います。ソーシャル・メディアを中心とする最近の「つながり」は、前述したような多くの日本企業で見られる固定的な関係ではなく、流動的なものです。しかし、つながりを持ち、それを続けていると、企業や組織と同様にそれが硬直化する可能性があるのです。

皆さんの中には、情報量が多く、スピードが速いSNSを追うことにかなりの時間を使ってしまい、世界を知ったような気になってしまっている人はいませんか。私も限りなく増えてしまうフェイスブックの友達やフォローしているツイッターのつぶやきに圧倒されてしまうことがあります。

そういう場合、私が試しているのは、**フォローする人、キュレーション、テーマなどをときどき見直し、まだ世界の潮流に合っているか、過去の遺物になっていないか**

を自分なりに検証することです。自分の活動の棚卸しと同じように、本来何を求めて

「つながる」のかをもう一度思い返し、「つながり」の対象、ネットワークの棚卸しをするのです。

たとえばツイッターをフォローするだけでなく、アンフォローしたり、フェイスブックの友達やグループを期間限定にしたりすることもあります。

ネットワークの棚卸しについては、最近、フェイスブックやグーグルなど膨大なデータを持つ企業の力があまりに強くなっているのではないか、という懸念が世界的に強まっています。個人データが流用され、選挙の結果や購買への影響が想像以上に強くなっていることや、なかなか離れられなくなる（中毒症状に近くなる）SNSのアルゴリズムの設計など、テクノロジーが個人に提供する機会よりも、テクノロジーによって個人の自由や権利が脅かされている可能性のほうが高まっています。

実際フェイスブックなども海外ではやめる人がかなり増えています。SNSについてもその力がどの程度なのかわからない部分が多いのですが、ときどきは、自分なりに棚卸しをして、本当に自分にとって有用なのか、惰性で所属し続けているグループなのではないか、など見直す必要は高まっています。

新しい取り組みでスラックを使っているのですが、実際には使いやすいため安易にいろいろ書いてしまって話がわかりにくくなったり、メンバーの出入りがかなりあるため、最近、メンバーもテーマもいずれも絞り込み、整理してしまいました。常に見直す必要があることを実感しました。

世界が刻々と変化しているからこそ、SNSにも「賞味期限」があるのです。

column 5

テクノロジーを味方にする

スカイプや電話会議・テレビ会議などテクノロジーが普及して、低コストのアクセスが誰でも得られるようになってきました。その気にさえなれば、距離を超えて、世界の誰とでも直接コンタクトできる社会になりました。

私はその恩恵を受けている一人ですが、世界数カ所を結んでセミナーや会議をすることは日常的になっています。世界経済フォーラムのスタッフや委員会のメンバーとは電話会議が当たり前であり、日本国内でも、参加者が一堂に集まる予定が確保できず、スライドを見ながら、スカイプで会合をすることも多くなってきました。

大事な会議があるから海外へ行くことができない、顔を合わせないと話ができない、という理由は、もはや都合の良い「言い訳」にはなりません。

インターネットやSNSを用いれば、コンタクトが切れてしまった友人を探し当て、スカイプで話をしたり、協働したりすることも容易です。

英語についても、欧米の有名な教育機関が行っているオンライン・プログラム（MOOC）は膨大な数にのぼり、ほとんどどんなテーマでも世界で一流の人のセミナーに参加することができます。ダボス会議なども公開されているものはほぼすべてビデオで見ることができるので、自分の目で見、耳で聞くことができます。

テクノロジーでできることは想像を超えるほどであり、さらに新しい可能性が開かれています。どこにいても、誰でも、世界に発信し、同じようなアイデアや目標を持つ人たちと協働することができるのです。

テクノロジーのめまぐるしい変化については、ここに書ききれないほど新しいサービスなどが登場しています。最近では私も一緒に活動しているグループと、スラックやズームなどを日々使っていますし、ユーチューブやiMovieなどのビデオ編集なども誰でも使えるようになってきています。私はまだ使っていませんが、アマゾンエコーやグーグルホームなどは、さらに大きな可能性（と課題）をもたらしつつあります。テクノロジーの変化のスピードがさらに増すにつれ、世界はさらに大きな変化を遂げると思います。

第六章

明日からできること

26 「ひょっとしておもしろいかも！」
――新しいことを始めるコツ

新たなチャレンジをしようとする場合、何らかのきっかけで「その気」になっても、時がたつにつれて、その興奮を忘れてしまい、いろいろな理由をつけて、結局新しいチャレンジをしないことがよくあるようです。

言い訳リストをつくるのはとても簡単で、「新しいことにチャレンジしても、受け入れられるかわからない」「新しいといっても現状とあまり変わらないのではないか」「忙しいのにそれだけ時間をかける価値があるか」など、すぐに長いリストをつくることができます。

ダメでもいつでも元に戻れる

私もこうした誘惑にかられることはしばしばありますが、大きな意思決定の場合には、ビジネス・スクールに行くきっかけになった先生の言葉や、よく米国で聞く言葉を思い出します。それは、「**もしダメでもまたいつでも元に戻れる**」「**オプションが手に入ってから、どのオプションにするか考えればよい**」という言葉であり、米国でよく聞く"Why Not?"です。

"Why Not?"というのは、「やるかやらないか2つのオプションがある。やらないと決めるのは簡単だけど、やってみるとおもしろいのではない？　だからやってみればやろう！」という感じの言い回しです。「何でやらないのか？」という強制的、お仕着せ的、詰問のような言い方ではなく、「**やってみたら？　おもしろいよ！　やらないなんてつまらないじゃない？**」というような軽い感じと私は理解しています。

軽く考える、何でもチャレンジという米国の気風にのせられ、やらなければ何も始まらないなあ！　と思って、言い訳を考える時間はやめて、まさに「やってみる」とチャレンジをするのです。

チャレンジしたことを評価する

チャレンジしない言い訳は、時間がない、忙しい、タイミングが悪いなどもありますが、大体は、チャレンジしてもダメだった時に自信を失ってしまう、恥ずかしい、まわりに顔向けできないなどを恐れることが多いように思います。でもよく考えてみると、**自信というのは「自分に対する信頼」なので、ダメでもチャレンジしたことは自分なりに評価できる**し、周囲を気にしてもほとんど意味がないと思っています。

それよりも、「あの時、チャレンジしていればよかった……」と自分がその気になればできたことをしなかったという後悔の念を持つことのほうが怖いのです。やってダメなら、少なくともベストを尽くしたという意味で後悔は残らない。力が足りないのであれば、力をつける努力をすればいい。向いていないのであれば、この先、人生の時間を向いていないことのために使わなくてラッキーだった！　そう考えればいいのではないでしょうか。

27　思い通りいかず挫折したら？
――初めはやけ酒、それから……

「ひょっとして、新しいことが始まる？　おもしろいかもしれない」と思って始めたことでも、ある程度やっているうちに、どう考えても、自分にはできないと結論を出さなくてはならないこともあります。その場合、挫折感をかなり強く感じます。

まずは、マイナスのエネルギーを追い出す

私はこういう時、二段階で対応します。自分や周囲に対して「怒っている」ことが多いので、まずその怒り、マイナスのエネルギーを追い出すことを考えます。それほど変わったことをするわけではなく、飲む（やけ酒！）、食べる、買い物する、運動する、などその時に応じて、どれかを「過度」にやります。「過度」にやらないと、心の中にある怒りの感情が出ていかないように思うからです（英語では、「Get it out of the system」といいます。自分のシステムからそれを外に出すというような感じ）。

私がやっている合気道は、投げたり投げられたりするので、「過度」ではないですが、マイナスのエネルギーは外に出ていきやすいです。

理由を分析、時には書き出してみる

それから、なぜがっかりしているのかを自分で考えます。理由はいろいろですが、たとえば、「強く期待していた仕事が得られなかった」「この仕事にふさわしい資格やこれまでの経験がないなあと自分で思っていたところ、相手のほうから断られた」「やりたいことではあってもの実力や才能ではどう考えてもできないことがわかった」――などです。

最初の例は、自分自身の期待が現実的でなかったケースです。次の例は、プライドを傷つけられた、またその仕事をするための知識や実力がないことが、相手に断られたことをきっかけにはっきり自覚されて、その現実が辛いということが背景にあります。いずれも楽しいことではないのですが、ここまでわかってくれば、そうか！とある程度納得できます。もちろん自信は一部砕かれますが、それなりに次のステップを考えることができるように感じます。

また最後の事例のように、どんなにやりたいことでも、自分の実力や才能ではできないことがわかると、一時的には落胆しますが、少なくともこれ以上、できないことに挑戦し続けるというむなしい努力をしたり、時間を無駄にしたりしなくてよい、と発想を変えるきっかけになります。どうしてもできないことに短い人生の時間を費やすより、自分ができる、できそうなことにエネルギーや時間を振り向けることができる、だからよかった！　と発想を転換しようとするわけです。

もちろんこんなに簡単ではないことも多いのですが、私の場合は、失望や落胆は次の飛躍へのステップになると考えて、新しい明日に臨もう、と寝てしまうこともあり、次の朝はすっかり忘れてしまっていることもあります（単純というべきか……）。


しかし大きな挫折の場合は、私でも、そう簡単にはいきません。２０１１年の春に一橋大学大学院国際企業戦略研究科（ビジネス・スクール）から慶應義塾大学大学院メディアデザイン研究科に移った時、最初の数カ月はとても大きな挫折感を味わい、夏頃までは、気分が優れない日々が続きました。

夏に東京を離れてカナダへ行き、自然に囲まれる中で、なぜこんなに気分が優れないのか、と考えられる理由を書き出してみました。その結果、私がそれまでやってきた仕事では貢献できないばかりか、新しいテクノロジーなどについていけなくて、自信を失ってしまったのだ、ということがわかったのです。

挫折感の理由がわかったので、「ではどうするか？」と考えました。こうして、プログラミングの自習を始める、それまで十数社に提案してもまったく受け入れられなかったプロジェクトのアイデアをさらに考える、など次のステップに進めるようになったのです。

この作業を通じて、次の年からはあまり気負わず、自分ができることをしよう、と気持ちを切り替えることができました。また理由がわかった直後に参加した800人くらいの会議の場で、挫折し自信を失ったこの経験を会場の皆さんに話したことも、気持ちを切り替える助けになりました。

自分のためにやる

やりたいこと、チャレンジすることの期限を決めてしまうという方法も使います。前に1年の活動の棚卸しをして、次の年の目標を決めると述べましたが（23節参照）、2年くらい達成できない目標が出てきた時は、「来年まで実行・達成できなかったら、あきらめる」と「Exit Plan」（出口戦略）を決めてしまうのです。

そうでないと、いつまでたっても、才能がない、あるいはいろいろな事情でできないことを長い間追い求めることになってしまい、貴重な人生の時間を無駄にしてしまうからです。

そして、たとえ思い通りの結果が得られなくても、自分の苦労してきた活動が「誰かにやらされている」のではなく、「自分で決めた自分のための」活動であれば、一時的な挫折感からのダメージはそれほど大きくありません。「自分のためにやっている」「これから何が学べるか」「修羅場の経験から自分にはどんな力がつくか」と考えることができ、「やらされている感覚」がなくなり、エネルギーが出てきます。

多くの人が「自分のため」という感覚を持てれば、ずいぶん活動や仕事のやり方も変わるのではないか、と思います。「自分のために」というと利己的なように聞こえるかもしれませんが、そうではなく、この人生は自分の人生なのだ、ということを自覚して、行動することだと思います。

スティーブ・ジョブズの言う「Follow your heart.」です。ジョブズの人生は、「自分が情熱を傾けられることをあきらめずに探す、周囲の雑音に惑わされず、自分の心に従う」という言葉を実践したものだと思います。これも自分の人生、「自分のため」が基本になっています。

28 また気楽に始める！

――「やめようか」と思った時の対処法

オリンピックを見ていると、必ず出てくる話の一つに、オリンピックに出るような素晴らしい選手でも、何度か、「もうやめようか」と思ったり、「もうやめる！」と宣言したりしたという逸話があります。世界レベルで競争するとなると、それまでの訓練や練習とは桁違い。特に北米など（どこでもそうかもしれません）では家族が皆で選手のために仕事を変えることもあるようです。

子どもの時からこれだけ周囲に期待され、また周囲が自分のためにいろいろなことをしているのがわかる一方、毎日毎日果てしない訓練や練習をするのは、私たちにはとても想像がつかないほどのプレッシャーであり、献身的な努力を必要とするのではないでしょうか。

その中で、「もうやめたい」という気持ちになったり、一時的に活動をやめたりする気持ちはわかるような気もします。また、それを克服した人だけがオリンピックに出られるレベルになるとも感じています。

これほど大げさでないにしても、私たちの毎日の生活の中で、繰り返し練習や訓練をすることはなかなか大変です。音楽家、アーティスト、スポーツ選手などは1日でも練習をしないとそれを取り戻すのに3倍くらいの時間と努力が必要だとよく聞きますが、私たちの日々の生活でも、毎日やろう！　と決めていたことを何らかの理由でできないと、その後また続けるのにはかなりの気力や努力が必要になるようです。

私のモットーは、「**一度中止してもまた気楽に始める！**」というものです。1日や2日、あるいは1週間くらいできなかったからといって、あまりくじけず、何にしろまた始めることがコツだと思っています。

「やめようと思うのはオリンピック選手も同じだから、私がそう思うのは当たり前、だからまたやってみよう」と自分に言ってみるのです。

たとえば私の場合、博士論文がなかなか書き進められず、「修了できないのではないか」、と思ったことが何度もありました。その時に自分に言い聞かせたことは「とにかく書き続けていればいつかは終わる」という言葉です。それだけを頼りに、またパソコンに向かったのです。

新しい活動や取り組み、事業を始める場合でも、最初からうまくいくことはほとんどありません。計画通りに進まなかったり、予想もしなかった事件が起こったりした時に、継続しようという意欲やエネルギーはどこから出てくるのでしょうか。

「見切りの洋子」と一見矛盾するようですが、私が自分に対して、また事業に取り組んでいる人に言うのは、「もう一回やってみたら？」「やめるのはいつでもできる」ということです。

よく「この計画・プロジェクトは、100メートル競走ではなく、マラソンだ」という言い回しを聞きますが、私たちが新しいことにチャレンジし続ける人生はマラソンであって、100メートル競走ではないのです。

いろいろな理由で一時的に休むことになったとしても、休んだことが問題なのではなく、休んだ後でどうまた自分を奮い立たせるか。それがコツなのです。そしてその主役は自分自身なのだと思います。

おわりに

２０１５年に出版された単行本を文庫版にするため、単行本を最初からもう一度見直して、更新したり書き足したりする作業を続けてきました。その作業の中で、一番強く感じるのは２０１５年時点で想像していた以上に世界が大きく変わりつつあること、それまでの理論などが通用せず、国際会議でも専門家の意見がまったく合わない状況はさらに進み、一種の混乱状態にあること、世界はリーダー不在の多極化が進んでいることです。それとともに、情報やデータについて、世界の見方が多様であり、ある種の対立として、表面化していることも話題になっています。

一方、日本では相変わらず昔からの理論ややり方の力がまだ強く、ある種の「権威」に依存したいという姿勢がかなり残っています。一方、日本は政権が安定していて、世界各国で見られるいわゆるエスタブリッシュメント（これまで力を持ってきた権威）への強烈な抵抗や混乱、権威や今までのやり方への怒りのエネルギーは、若い世代の間でもあまり見られません。これを良いと見るか問題と見るかは意見の分かれるところであると思われます。

また個人情報については法律的に制限が加えられ、データを公開することについて敏感になっていますが、一般の人のデータや情報への感度はそれほど高くなく、自分のデータがどれだけリアルタイムでトラッキングされているのか、メディアの報じる情報の信憑性などについての議論が欧米などに比べるとまったく進んでいないことを実感します。情報についても極端に違う意見がメディアで見られ、いやでもその対立や違いを皆が感じるという状況ではありません。

テクノロジーの進み方は、想像以上であると同時に、テクノロジー万能論に対する疑念が世界で強くなっている一方、日本では組織でも政府レベルでもテクノロジーを駆使するレベルが低く、万能論への疑念より、ロボットやＡＩなどテクノロジーに対する脅威や漠然とした不安のほうが強く感じられているように思われます。

テクノロジーや情報についても世界と日本の距離がこのように離れつつある中、私が今一番読者に訴えたいのは、「自分でよく見きわめ、考える」ことです。21世紀は誰もが世界に発信したり、情報を得たり、協働したりできる「個人の時代」である、とここ数年言ってきましたが、今まさに個人として自分で考えることの重要性は増していると強く思います。これだけ情報が世界から得られるようになっている中、日本語で提供される世界にいるのでは、狭い箱庭にいて広い世界を窓から少しだけ覗いていることになるのではないでしょうか。

確かにインターネットなどにアクセスができれば情報が誰にでも手に入る時代になってはいますが、情報の多くはまだ英語であり、日本語だけしか理解できないのでは、世界の情報の大半には直接触れられない、したがって世界の今の状況のほとんどを見逃してしまうことになります。自動翻訳が出てくるから良いといっても直接理解できることのメリットはそれをずっと超えたものだと私は感じます。

これだけ海外に行くのが簡単になり、アジアをはじめとして多くの人が日本にそして世界に直接触れている中、日本は安全だし、街も清潔。食べ物もおいしいし、言語が通じて便利というだけで、外の世界に触れないのはもったいないです。実際に新しい土地に行って自分の目でその地の状況を見て、ものに触り、生活している人たちの表情を間近に見て、直接身振り手振りを使ってでも何とか話をしようとするのと、しないのとでは体験のインパクトが違うと思います。

自分自身で考えたこと、見たこと、聞いたこと、感じたことを基礎に、自分のキャリアやライフスタイルを自らデザインすることがこれまで以上に皆さんの生活を左右することになるのです。そしてどんな人生を送るかという可能性は、これまでとは比較にならないほど広がってきているのです。

最近よくセミナーで、「自分の人生を自分でデザインする」こと、自分のストーリーを書くのは自分しかいないという強い覚悟を持つことを強調します。自分のアカウントがハックされてのっとられるという問題と同様に、自分の人生をのっとられないようにしてほしいと強く読者に伝えたいです。

私が子どもの時からずっと心がけてきたこと、つまり、「常に新しいことを試すこと」

「不必要に深刻にならず、将来はより良くなると信じること」「ほとんど何に対しても良い面を見ようとすること」の必要性は、団塊の世代であり日本の高齢化の原因の一人である私が5年を経てさらに強く感じることです。体力が次第に落ちて、今までのような海外出張やかなり無理な計画はできなくなりつつあることは日々感じますが、スカイプやズーム、ユーチューブなどテクノロジーの恩恵によってこうした限界は超えられるとも実感します。

グローバル化から格差が生まれたといってグローバル化を否定しよう、自国さえ自国民さえよければ良い、という最近の傾向に対して、出身大学、所属する組織や国への帰属意識が元からあまりない私のような考え方は時代遅れなのでしょうか。

この国に生まれたからずっとこの国にいなくてはならない、とか両親が家族が皆この道を選んできたから私もそれを選ぶのが良いだろう、などという「レール」が敷かれている人生しかない時代はすでに終わっています。最近10代で優れた実績を上げるスポーツ選手やアーティスト、勝負師がどんどん出てきています。こうした人たちはいずれも早い時期から、「まだ早い」「若すぎる」などという声をはね返して、一番優れた人たちのいる世界に飛び出して、学び、訓練した人たちなのです。まず日本でとか、もう少し経験を積んでから、などという人の声を聞く必要はありません。広い世界に行っていろいろなものを見てみよう、広い世界で自分の可能性を試してみよう、と思うあなたに、世界は手を伸ばしています。それをつかむかどうか、そして行動するかどうかはあなた次第なのです。

自分で自分の行動や結果に責任を持つ覚悟さえあれば、世界全体があなたの競技場です。さあ、世界のあちこちをベースにして、昨日と違う今日、今日と違う明日を求めて、新しい旅に出ませんか？

最後に、本書は、たまたま私のメンターにあたる方の書籍編集を担当された雨宮百子さんとその書籍の対談で会ったことをきっかけに、文庫版を出しませんか、というご提案をいただいたことから実現しました。

年末の仕事や海外出張の中、世界のスピード感であっという間に出版までもってこられたのは、ひとえに雨宮さんのすぐ行動！という姿勢に負うところが大きいです。

もちろん2015年の書籍の出版をサポートしてくださった3人の方――構成・編集を担当してくださった福田恭子さん、日経BPの連載コラムを担当してくださった長坂邦広さん、書籍を担当してくださった中川ヒロミさん――がおられなければそもそもの書籍が完成しませんでした。皆様には本当に感謝しています。

2019年2月

石倉　洋子

A kite is a key to new experiences. With the kite you can learn how to adapt to the change because you want to fly high. A kite will give you a new horizon, new experience and broad perspectives that you have never experienced.

So this is what I would like you to do. If you are one of those baby boomers (whom I don't see too many today), take out your old kite, and fly it. Go to new places and have new experiences. You can change with the wind, even though you belong to the group of population, which is getting bigger and bigger every year. If you are one of the Millennials, take the modern kite. It is very easy to fly. Anybody can fly and fly high and go to all these new places and see it yourself, feel it yourself and see what you can do.

You might wonder what I would do next. I would like to get a pilot's license. (Applause) Because I want to fly without strings, and I would like to find new companion so that I can fly to the moon. (Applause) Thank you. (Applause)

(*) Fly away with me: Yoko Ishikura at TEDxTokyo 2014（動画、英語版）
https://www.youtube.com/watch?v=CJBK7hgoJHc&list=PLsRNoUx8w3rPD2NtZZGpI-vWX4SMvM2Ti&index=9

（*）付録は293ページから始まっています

凧は新しい経験へのカギです。自分が凧になれば、新しい地平線が見え、新しい経験ができ、視野を広げていくことができます。

皆さんにはこれをおすすめしたいと思います。私と同じ世代の方は——今日はあまりいらっしゃいません——古い凧を取り出して、新しいところへ行き、新しい経験を重ねていってください。風に乗ってどんどん変化を遂げていってください。今人口の多くを占める皆さん、子どもの頃に凧を飛ばした時のことを思い出してください。自由を求めて、変化を続けていってください。まだできます。

ミレニアル世代の方は、新しい凧、アポロカイトを手に取ってください。誰でも簡単に飛ばせます。空高く飛んで、自分で自由を感じてみてください。自分の目で見て、自分に何ができるか、考えてみてください。

では、私はどうしたいのか。私はパイロットの免許を取りたいと思っています。（拍手）パイロットになれば、凧のようにひもつきでなく、糸なしに飛べますから。そして、相棒の凧を見つけたい、その相棒と一緒に、月へ飛び立ちたいと思っています。（拍手）ありがとうございました。（拍手）

（＊）Fly away with me: 石倉洋子 at TEDxTokyo 2014（動画、日本語訳版）
https://www.youtube.com/watch?v=-uTRVcvEUMY&index=10&list=PLsRNoUx8w3rMPnRKHwjijK_kz26T9IAH2

I was all alone, like the kite without the string. I had no home to go back to and I just felt so miserable. I didn't know what to do with myself. I didn't know which group I belong to. Do I belong to the old Japan of baby boomers? Old traditional kites? Old Japan, which consists of baby boomers who are very conscious of status, name, position and affiliation? Or new Japan of modern kites? Millennials who shared everything, and connected beyond their organizations and national boundaries? I had no idea.

But after about a decade, I'm back to flying a kite. I tried an Apollo kite and it was all I did during New Year holidays. I remembered what it was like to fly a kite. I knew that I could change with the wind because I wanted to fly high.

Technology enables all of us to do so many things, regardless of age, background, nationality or location. We can get a lot of information from all over the world and you can see what's taking place in remote places. We can even collaborate with the people whom we have never met. However it is very very important for you to be there to feel it, to see it yourself, to sense it and touch it.

私はひとりぼっちになり、まるで、糸のない凧のようでした。帰る家もなく、どうしてよいかわからなくなりました。そして悲嘆にくれました。自分がどちらのグループに属するのかもわからなくなりました。古き日本の一員なのか、つまりベビーブーム世代（団塊世代）で、肩書きや経歴や所属などを重んじる人たちのグループに属するのか、あるいは、自分は新しい日本の一員なのか。新しい凧のようなミレニアル世代で、すべてをシェアし、国境や組織を超えたつながりを持ち、地位や所属をさほど気にしない、そんな世代に属するのか、わからなくなりました。

そうこうして凧を揚げずに10年たったわけですが、私は再び凧を揚げるようになりました。今年の正月休みはずっとアポロカイトを飛ばしてすごしていました。再び、凧を飛ばす自由な感覚がよみがえってきました。また、空高く飛びたくなったわけです。

今、テクノロジーが発達していますから、我々はいろんなことができます。年齢、国籍、性別、場所を問わず、可能性が開かれています。世界中から情報を得て、遠く離れたところで何が起きているのかもわかり、会ったこともない人とコラボレーションもできます。しかしやはり、自ら足を運び、自分の目で見て耳で聞いて、自分で触って、その場のにおいを感じることが必要なのです。

Next flight was to management consulting. Before I began I thought I could fly high by making strategic recommendations to the corporate VIPs as a global professional hopping throughout the world, working with the smart people from all over the world. I thought I could fly high and the corporate executive clients will follow my kite by taking our recommendations and implementing them. WRONG!

My kite was blown off course by the strong wind and it was all soaked along the way. I couldn't get my clients to work with us because I couldn't come up with good analysis or good solutions. When I looked back, there was nobody following my kite. I was so miserable and I was so angry at myself because I couldn't deliver the value I was supposed to deliver.

However something happened. The wind turned and I found a companion kite. We flew together confidently with the wind behind us. You can imagine how happy I felt because I had a companion. I was so confident. I was flying high.

However, my companion kite started losing the ability to navigate because of cancer. He got weaker and weaker. After 10 years of battle with cancer, though I've flown with him along the way, it crashed.

次の飛行は経営コンサルティングへの道でした。始めるまでは会社のVIPに対して、世界を飛び回るプロフェッショナルとして提言をしたり、さまざまなアドバイスができる、プロフェッショナルとして空高く飛べると思っていました。そしてクライアントは私たちのアドバイスを実行に移してくれるのだろうと思っていました。ところが、そう簡単にはいきませんでした。

私の凧は強風でコースからはずれ、雨でずぶぬれになりました。クライアントのチーム・メンバーの協力をなかなか得られなかったのです。適切な分析やソリューションにたどりつけず、後ろを振り向くと、誰もついてきていなかったのです。私は途方にくれ、惨めな思いをし、自分が腹立たしくなりました。なんの価値も提供できなかったわけですから。

すると、とあることがおきました。風向きが変わり、私には相棒の凧が見つかったのです。このパートナーと一緒に追い風に乗って飛ぶようになりました。もう本当にその時は幸せいっぱいの暮らしでした。相棒もいて、自信も持てて、追い風に乗って、空高く飛んでいたわけです。

ですが、そのうち、夫の凧はナビゲートする力を失い始めました。体ががんにおかされていたのです。10年の闘病生活が続きました。ずっとそばにいて、それでも飛び続けたのですが、ついに、夫の凧は墜落してしまいました。

My first flight was to the United States as an exchange student in my junior year. Imagine you're flying over the Pacific Ocean, flying over the big huge land of the US of A for the first time. Getting exposed to a new horizon, free away from home. Getting a broad perspective and having incredible experiences. Opportunities to have experiences not possible in Japan such as living in the ghetto, doing a volunteer work. After a little bit of struggle to get adjusted to the different lifestyle, I felt free and confident as you can tell from the picture.

My next flight was to business school. I was flying a spinnaker kite. Imagine you're flying from a spinnaker, looking down the ocean and a sailing boat. Much more adventurous than the regular kite. I struggled naturally, because to get through the tough MBA program, you had to learn how to disagree, which I was not quite used to. You had to take a position. While struggling in the MBA program, I tried to remember a little bit of Japan, by bringing some flavor of Japan by wearing Yukata.

最初の飛行はアメリカへの旅でした。大学3年生の時に交換留学生として渡米したのです。想像してみてください。凧になって、太平洋、そして広大なアメリカの上空を飛んでいることを。新しい世界が広がり、故郷を離れ、自由を味わった気持ちを。視野が広がり、数々の素晴らしい体験、日本ではできないような体験をする機会が開かれたのです。たとえば、貧しい人たちが住む都市の一角で暮らしてみたりとか、ボランティア活動をしてみたりとか、という経験です。行ってすぐは、違うライフスタイルに慣れるのに必死でしたが、次第に自由に自信を持って飛べるようになりました。

次はビジネス・スクールでした。私はスピンネーカー・カイトで、つまりヨットの大きな帆を使って凧のように飛んでいました。想像してみてください。スピンネーカー・カイトに乗って、海を見下ろすと、どんな気分なのか。普通の凧に比べたら、相当の冒険です。当然のことながら、MBAのプログラムはかなり難しかったので、苦労しました。人と違う意見を言わねばならない、はっきりしたポジションをとって反論することが必要だったからです。日本ではそういう経験もなく、慣れていなかったので苦労しましたが、そういう中でも、時として、日本のことを思い出そうと、日本の風情を楽しむこともありました。こうやって、浴衣を着たりもしていました。

Exactly two months ago I officially retired from the university. When listening to Jesper Koll this morning, I was quite discouraged because I'm joining this biggest group of the Japanese population. Many people asked me what I would do next. "Are you going to join another university, company or NPO? Or what?"

I have thought about it and now know what I would like to do. But before I tell you what that is, let me tell you my story as a kite. You might say, what kite? Here they are. This is the kite that was available when I was a kid. It is a Yakko-dako, made of paper. It is rather fragile, but obedient. This is an Apollo kite, the kind that is available now. You can get this kind of kite anywhere such as Komazawa Park.

This is what I looked like when I was two years old, not quite ready to fly a kite but full of curiosity.

Fly away with me:

石倉洋子　　TEDxTokyo 2014

皆さん、こんにちは。ちょうど2カ月前、私は大学を退職いたしました。

先ほどのヤスパー・コールの話で、私は日本の人口の一番大きなグループに属していることを聞いて、ちょっとがっかりしていたのですが、大学を退職した時に、まわりから、「これからどうするの、ほかの大学に移るの？　ほかの会社へ？　NPOへ？」などと聞かれました。

私もいろいろ考えて、ようやく何をしたいかがわかってきたのですが、その話をする前に、今まで私がやってきたことをカイト（凧）になぞらえてお話ししたいと思います。「なぜ凧？」と皆さんはおっしゃるかもしれません。これは「奴凧《やっこだこ》」、昔、私が子どもの頃に遊んでいた凧です。紙でできていて脆《もろ》い感じですが、素直です。こっちはアポロカイトです。これは皆さんが今、誰でもどこででも、たとえば駒沢公園でも買うことができる凧です。

これが2歳の時の私です。まだ凧を飛ばすことはできませんでしたが、好奇心旺盛な女の子でした。

関心を集めるAIと対比してみた今の若い世代の理解力（9）と、対照的ともいえる「もの」をつくることを天職として自ら必要な知識、スキル、そして仕事を手に入れ続けてきた建築家の自伝（10）。

私が若い頃、趣味の欄に「読書」と書く人が多かったように記憶している。「当たり障りのない無難な趣味」という位置付けだった。しかし現代社会において、これだけ自由にどのような情報にでもアクセスできるようになると、「読書が趣味」という人がどれだけいるのだろうか。一見数が減っているように見えるが、紙ではなくスマホなどを使って読む新しいスタイルも普及しているようにも感じる。

読書も異常なほど膨大な量の本を読む人と、ほとんど読書はしない、という人に二極化した。そして前者はほとんどが読書を「習慣」として実行しているようだ。

本や文章を書くのがうまい人、比喩や事例が豊富で話も面白い人に時々遭遇することがある。よく聞くと、子供の頃に多読を経験しており、読書もある程度の量が必要らしいと感じた。私自身も実践には苦労しているが、遅ればせながら追いつきたいので、読書家の生活パターンはとても参考になる。

私たちが芝居を見ている観客の役割を果たすのと違って、どのような媒体で読むにしろ、「読書」は、自分が主役をサポートする脇役を演じる舞台だと思う。作者がプロデューサー、登場人物が主役だとすると、読者は自分の時間を使いながら、どんなストーリーを展開するのかをデザインしていくことができる。断片的な情報を「追う」ことだけでなく、自分が読者としてストーリーをつくる。その醍醐味が読書にはあるようだ。

7

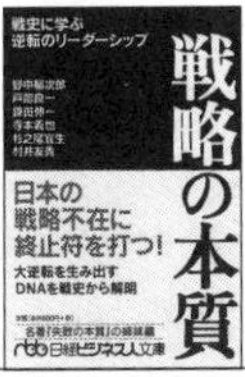

8

7『戦争中の暮しの記録』　暮しの手帖編集部 編

1969年　暮しの手帖社

8『戦略の本質——戦史に学ぶ逆転のリーダーシップ』
野中郁次郎、戸部良一、鎌田伸一、寺本義也、杉之尾宜生、村井友秀 著

2008年　日本経済新聞出版社

日本の過去や歴史を生活者の視点 **(7)** や戦争における戦略の本質 **(8)** など多様な観点から見た本2冊。

9

10

9『AI vs. 教科書が読めない子どもたち』　新井紀子 著

2018年　東洋経済新報社

10『安藤忠雄 仕事をつくる 私の履歴書』　安藤忠雄 著

2012年　日本経済新聞出版社

未来は、これまでの「壁」や「境界」が意味を持たず、その気さえあればこれまでの常識で考えられないようなことができるようになる。そして、それを当たり前と思う世代が増えてくる。自ら壁や境界を超えられるような姿勢、気概、タフネスを持つことが大切だ。

これらの要素を誰もが持てるような世界にすることによって、未来は「個人」の時代であるだけでなく、行動をおこす人にとってはこれまでにないようなすばらしい「協働」の可能性が限りなく広がる世界になるだろう。

4

5

6

4『君たちはどう生きるか』 吉野源三郎 著
1982年　岩波書店

5『イシューからはじめよ――知的生産の「シンプルな本質」』
安宅和人 著
2010年　英治出版

6『決断力』 羽生善治 著
2005年　角川書店

先の見えない時代に、個人は何を指針として生きるか（4）、どう考えるか（5）、意思決定するか（6）のヒントが得られる本3冊。

推薦本リスト
RECOMMEND BOOKS

このリストを作成して、ほとんどが数十年、数年前から提唱されていることなのに、日本人の行動や日本社会の変革につながっていないことに愕然とした。知識として持つだけでなく、それを実行・実装することを次世代リーダーには強く推薦したい。

1 

2 

3 

1『第四次産業革命――ダボス会議が予測する未来』
クラウス・シュワブ 著/世界経済フォーラム 訳
2016年　日本経済新聞出版社

2『ライフ・シフト――100年時代の人生戦略』
リンダ・グラットン、アンドリュー・スコット 著/池村千秋 訳
2016年　東洋経済新報社

3『ニッポン2021-2050――データから構想を生み出す教養と思考法』
落合陽一、猪瀬直樹 著
2018年　KADOKAWA

世界を激変させているテクノロジー(1)や人口動態(2)やそのほかのデータ(3)から、今とこれからの世界の未来を展望する本3冊。

第五章

21「仕事は楽にするもの!――『すぐやる』『順序を変更する』などで生産性をアップ」日経Bizアカデミー BizCOLLEGE連載・石倉洋子「グローバルリーダー目指し、一歩前へ」2015.2.24
http://www.nikkeibp.co.jp/article/column/20150223/436721/

22「『友人のポートフォリオ』をつくろう――人生も分散投資でリスクを減らす」同連載2014.12.9
http://www.nikkeibp.co.jp/article/column/20141208/427469/

23「新たな自分を見つけるため、ポートフォリオ（自己作品集）を作ってみよう」同連載2015.1.13
http://www.nikkeibp.co.jp/article/column/20150109/431240/

24「『やらないこと』を明確に！ 見切るのも手、時間とエネルギーを上手に使う」同連載2015.1.27
http://www.nikkeibp.co.jp/article/column/20150123/432937/

25「『つながり』の賞味期限を意識する」生産性新聞（日本生産性本部）連載「ダイバーシティとイノベーション（4）」2014.9.5

第六章およびコラム4、5

石倉洋子公式ウェブサイト（http://yokoishikura.com/）の複数のブログ記事をもとに、大幅な加筆修正を行った。

はじめに、おわりに、コラム1～3

書き下ろし

付録

日本語：Fly away with me: 石倉 洋子　TEDxTokyo 2014（日本語）
（動画の日本語音声をもとに、テキスト化を行った）
https://www.youtube.com/watch?v=-uTRVcvEUMY&index=10&list=PLsRNoUx8w3rMPnRKHwjijK_kz26T9IAH2
英語：Fly away with me: Yoko Ishikura at TEDxTokyo 2014（English）
（動画の英語音声をもとに、テキスト化を行った）
https://www.youtube.com/watch?v=CJBK7hgoJHc&list=PLsRNoUx8w3rPD2NtZZGpI-vWX4SMvM2Ti&index=9

第三章

11 「とてつもない人たち―スイスで『今日』と『明日』のリーダーたちが真剣勝負」同連載2014.8.19
http://www.nikkeibp.co.jp/article/column/20140808/411007/

12「第6回 世界の知を活用するために不可欠な『エキサイティングな議論』のコツ」日経BP net連載「イノベーションとリーダーシップ」2013.1.25
http://www.nikkeibp.co.jp/article/tk/20130124/338008/

13「【その1】最高のプレゼンテーション？ それは『あなた』自身を語ること！」日経Bizアカデミー BizCOLLEGE連載・石倉洋子「グローバルリーダー目指し、一歩前へ」2015.3.10
http://www.nikkeibp.co.jp/article/column/20150306/438234/

14「【その2】聞いている人の『自分ごと』にするプレゼン。そのコツは？意義は？」同連載2015.3.24
http://www.nikkeibp.co.jp/article/column/20150320/439953/

15「【その3】私流プレゼンテーションのコツ、ビジュアルの作り込みと予行練習が大切」同連載2015.4.7
http://www.nikkeibp.co.jp/atcl/column/15/407250/040300001/

第四章

16「『空気を読む？』それとも『アイデアを磨く？』、まずは会話の初球を投げよう！」同連載2014.11.25
http://www.nikkeibp.co.jp/article/column/20141121/425512/

17「最終回 あなたの実力で、刻々と変わる世界に通用するか？ 他流試合に挑んでみよう」日経BP net連載「イノベーションとリーダーシップ」2013.2.8
http://www.nikkeibp.co.jp/article/tk/20130205/339260/

18「第3回 手柄は独り占め。そんなリーダーのもとでイノベーティブな若者は育つか？」日経BP net連載「イノベーションとリーダーシップ」2012.12.6
http://www.nikkeibp.co.jp/article/tk/20121203/332676/

19「『違和感』こそが飛躍のきっかけ！ 新しいメンバーを生かして組織を変える」日経Bizアカデミー BizCOLLEGE連載・石倉洋子「グローバルリーダー目指し、一歩前へ」2015.4.21
http://www.nikkeibp.co.jp/atcl/column/15/407250/042000005/

20「第4回 天才を待つのではなく、自分を超える部下を育てることこそ真のリーダーの役目」日経BP net連載「イノベーションとリーダーシップ」2012.12.13
http://www.nikkeibp.co.jp/article/tk/20121203/332677/

初出一覧

第一章

1　「すぐそばにある『世界』。チャレンジし続ければ新しい道が開ける」日経Bizアカデミー BizCOLLEGE連載・石倉洋子「グローバルリーダー目指し、一歩前へ」2014.7.16
http://www.nikkeibp.co.jp/article/column/20140711/407266/

2　「気楽に声をかける、答える、質問する」同連載2014.7.29
http://www.nikkeibp.co.jp/article/column/20140724/408753/

3　「どこに座るかであなたの価値が決まる――戦略的ポジショニングの勧め」同連載2014.9.2
http://www.nikkeibp.co.jp/article/column/20140820/412030/

4　「実はポジショニングの次が肝心、好奇心全開で自由に会話を楽しむ」同連載2014.9.16
http://www.nikkeibp.co.jp/article/column/20140828/413158/

5　「幸運を呼び込むリクエスト――主張はしっかりとセンス良く！」同連載2014.11.11
http://www.nikkeibp.co.jp/article/column/20141102/422663/

第二章

6　「『先手必勝!』がコツ――会合やディナーで発言する方法」同連載2014.10.14
http://www.nikkeibp.co.jp/article/column/20141010/419643/

7　「何を着ていくか？――場の雰囲気を壊さず、自分らしさをアピールする裏技」同連2014.10.28
http://www.nikkeibp.co.jp/article/column/20141024/421501/

8　「一度は行って会う、決断はその後。『場』を踏むための『鈍感の勧め』」同連載2014.9.30
http://www.nikkeibp.co.jp/article/column/20140926/417471/

9　「『完璧の呪縛』から自分を解き放つ――『変化の時代』に変化を否定するのは矛盾」同連載2014.12.24
http://www.nikkeibp.co.jp/article/column/20141223/429666/

10　「カラダだ、カラダ！　体力がなければ世界は遠い」同連載2015.2.10
http://www.nikkeibp.co.jp/article/column/20150209/434897/

本書は、2015年7月に日経BP社から発行した
『世界で活躍する人が大切にしている小さな心がけ』
を文庫化にあたって改題・加筆したものです。

nbb
日経ビジネス人文庫

世界《せかい》で活躍《かつやく》する人《ひと》の小《ちい》さな習慣《しゅうかん》

2019年2月1日 第1刷発行
2021年9月16日 第2刷

著者
石倉洋子
いしくら・ようこ

発行者
白石 賢

発 行
日経 BP
日本経済新聞出版本部

発 売
日経 BP マーケティング
〒105-8308 東京都港区虎ノ門4-3-12

ブックデザイン
新井大輔

本文 DTP
マーリンクレイン

印刷・製本
中央精版印刷

Printed in Japan ISBN978-4-532-19888-6

nbb 好評既刊

人はチームで磨かれる

齋藤 孝

皆が当事者意識を持ち、創造性を発揮し、助け合うチームはいかにしてできるのか。その実践法を、日本人特有の気質も踏まえながら解説。

すぐれたリーダーに学ぶ 言葉の力

齋藤 孝

傑出したリーダーの言葉には力がある。世界観と哲学、情熱と胆力、覚悟と柔軟さ——。賢人たちの名言からリーダーシップの本質に迫る。

齋藤孝の仏教入門

齋藤 孝

怒りに飲み込まれない、他人と比較しない、慈悲の心をもつ——。多忙な人こそ「悟り」を目指そう。忙しい人のための実践的仏教入門。

ユニクロ対ZARA

齋藤孝浩

商品開発から売り場構成、価格戦略まで巨大アパレル2社の強さの秘密を徹底解剖。両ブランドの革新性に焦点を当て、業界の未来を考察。

戦略プロフェッショナル

三枝 匡

日本企業に欠けているのは戦略を実戦展開できる指導者だ。市場シェアの大逆転を起こした36歳の変革リーダーの実話から描く改革プロセス。

nbb 好評既刊

考え抜く社員を増やせ！
柴田昌治

仕事に余裕、職場に一体感を生むユニークな変革論！ 個性を引き出し、臨機応変の対応力、チームイノベーションで業績を伸ばす方法。

どうやって社員が会社を変えたのか
柴田昌治
金井壽宏

30万部のベストセラー『なぜ会社は変われないのか』でも明かせなかった改革のリアルな実像を当事者が語る企業変革ドキュメンタリー。

稲盛和夫 独占に挑む
渋沢和樹

稲盛和夫が立ち上げた第二電電の戦いを、関係者らの証言をもとに描いた企業小説。巨大企業NTTに挑み、革命を起こした男たちのドラマ。

渋沢栄一 100の訓言
渋澤 健

企業500社を興した実業家・渋沢栄一。ドラッカーも影響された「日本資本主義の父」が残した黄金の知恵がいま鮮やかに蘇る。

渋沢栄一 愛と勇気と資本主義
渋澤 健

渋沢家5代目がビジネス経験と家訓から考える、理想の資本主義とは。『渋沢栄一とヘッジファンドにリスクマネジメントを学ぶ』を改訂文庫化。